INGLÊS
VOCABULÁRIO

PALAVRAS MAIS ÚTEIS

PORTUGUÊS
INGLÊS BRITÂNICO

Para alargar o seu léxico e apurar
as suas competências linguísticas

3000 palavras

Vocabulário Português-Inglês britânico - 3000 palavras

Por Andrey Taranov

Os vocabulários da T&P Books destinam-se a ajudar a aprender, a memorizar, e a rever palavras estrangeiras. O dicionário é dividido em temas, cobrindo todas as principais esferas de atividades quotidianas, negócios, ciência, cultura, etc.

O processo de aprendizagem, utilizando os dicionários baseados em temáticas da T&P Books dá-lhe as seguintes vantagens:

- Informação de origem corretamente agrupada predetermina o sucesso em fases subsequentes da memorização de palavras
- Disponibilização de palavras derivadas da mesma raiz, o que permite a memorização de unidades de texto (em vez de palavras separadas)
- Pequenas unidades de palavras facilitam o processo de estabelecimento de vínculos associativos necessários para a consolidação do vocabulário
- O nível de conhecimento da língua pode ser estimado pelo número de palavras aprendidas

T&P Books Publishing
www.tpbooks.com

ISBN: 978-1-78400-943-4

Este livro também está disponível em formato E-book.
Por favor visite www.tpbooks.com ou as principais livrarias on-line.

VOCABULÁRIO INGLÊS BRITÂNICO
palavras mais úteis

Os vocabulários da T&P Books destinam-se a ajudar a aprender, a memorizar, e a rever palavras estrangeiras. O vocabulário contém mais de 3000 palavras de uso comum organizadas tematicamente.

O vocabulário contém as palavras mais comummente usadas
Recomendado como adicional para qualquer curso de línguas
Satisfaz as necessidades dos iniciados e dos alunos avançados de línguas estrangeiras
Conveniente para o uso diário, sessões de revisão e atividades de auto-teste
Permite avaliar o seu vocabulário

Características especias do vocabulário

- As palavras estão organizadas de acordo com o seu significado, e não por ordem alfabética
- As palavras são apresentadas em três colunas para facilitar os processos de revisão e auto-teste
- As palavras compostas são divididas em pequenos blocos para facilitar o processo de aprendizagem
- O vocabulário oferece uma transcrição simples e adequada de cada palavra estrangeira

O vocabulário contém 101 tópicos incluindo:

Conceitos básicos, Números, Cores, Meses, Estações do ano, Unidades de medida, Roupas & Acessórios, Alimentos & Nutrição, Restaurante, Membros da Família, Parentes, Caráter, Sentimentos, Emoções, Doenças, Cidade, Passeios, Compras, Dinheiro, Casa, Lar, Escritório, Trabalho no Escritório, Importação & Exportação, Marketing, Pesquisa de Emprego, Desportos, Educação, Computador, Internet, Ferramentas, Natureza, Países, Nacionalidades e muito mais ...

TABELA DE CONTEÚDOS

GUIA DE PRONUNCIAÇÃO

Letra	Exemplo Inglês britânico	Alfabeto fonético T&P	Exemplo Português

Vogais

Letra	Exemplo Inglês britânico	Alfabeto fonético T&P	Exemplo Português
a	age	[eɪ]	seis
a	bag	[æ]	semana
a	car	[ɑː]	rapaz
a	care	[eə]	fêmea
e	meat	[iː]	cair
e	pen	[e]	metal
e	verb	[ɜ]	minhoca
e	here	[ɪə]	variedade
i	life	[aj]	baixar
i	sick	[ɪ]	sinónimo
i	girl	[ø]	orgulhoso
i	fire	[ajə]	flyer
o	rose	[əʊ]	réu
o	shop	[ɒ]	chamar
o	sport	[ɔː]	emboço
o	ore	[ɔː]	emboço
u	to include	[uː]	blusa
u	sun	[ʌ]	fax
u	church	[ɜ]	minhoca
u	pure	[ʊə]	adoecer
y	to cry	[aj]	baixar
y	system	[ɪ]	sinónimo
y	Lyre	[ajə]	flyer
y	party	[ɪ]	sinónimo

Consoantes

Letra	Exemplo Inglês britânico	Alfabeto fonético T&P	Exemplo Português
b	bar	[b]	barril
c	city	[s]	sanita
c	clay	[k]	kiwi
d	day	[d]	dentista
f	face	[f]	safári
g	geography	[dʒ]	adjetivo
g	glue	[g]	gosto
h	home	[h]	[h] aspirada
j	joke	[dʒ]	adjetivo
k	king	[k]	kiwi

Letra	Exemplo Inglês britânico	Alfabeto fonético T&P	Exemplo Português
l	love	[l]	libra
m	milk	[m]	magnólia
n	nose	[n]	natureza
p	pencil	[p]	presente
q	queen	[k]	kiwi
r	rose	[r]	riscar
s	sleep	[s]	sanita
s	please	[z]	sésamo
s	pleasure	[ʒ]	talvez
t	table	[t]	tulipa
v	velvet	[v]	fava
w	winter	[w]	página web
x	ox	[ks]	perplexo
x	exam	[gz]	Yangtzé
z	azure	[ʒ]	talvez
z	zebra	[z]	sésamo

Combinações de letras

ch	China	[ʧ]	Tchau!
ch	chemistry	[k]	kiwi
ch	machine	[ʃ]	mês
sh	ship	[ʃ]	mês
th	weather	[ð]	[z] - fricativa dental sonora não-sibilante
th	tooth	[θ]	[s] - fricativa dental surda não-sibilante
ph	telephone	[f]	safári
ck	black	[k]	kiwi
ng	ring	[ŋ]	alcançar
ng	English	[ŋ]	alcançar
wh	white	[w]	página web
wh	whole	[h]	[h] aspirada
wr	wrong	[r]	[r] vibrante
gh	enough	[f]	safári
gh	sign	[n]	natureza
kn	knife	[n]	natureza
qu	question	[kv]	aquário
tch	catch	[ʧ]	Tchau!
oo+k	book	[ʊ]	bonita
oo+r	door	[ɔ:]	emboço
ee	tree	[i:]	cair
ou	house	[aʊ]	produção
ou+r	our	[aʊə]	similar - Espanhol 'cacahuete'
ay	today	[eɪ]	seis
ey	they	[eɪ]	seis

ABREVIATURAS
usadas no vocabulário

Abreviaturas do Português

adj	-	adjetivo
adv	-	advérbio
anim.	-	animado
conj.	-	conjunção
desp.	-	desporto
etc.	-	etecetra
ex.	-	por exemplo
f	-	nome feminino
f pl	-	feminino plural
fem.	-	feminino
inanim.	-	inanimado
m	-	nome masculino
m pl	-	masculino plural
m, f	-	masculino, feminino
masc.	-	masculino
mat.	-	matemática
mil.	-	militar
pl	-	plural
prep.	-	preposição
pron.	-	pronome
sb.	-	sobre
sing.	-	singular
v aux	-	verbo auxiliar
vi	-	verbo intransitivo
vi, vt	-	verbo intransitivo, transitivo
vr	-	verbo reflexivo
vt	-	verbo transitivo

Abreviaturas do Inglês britânico

sb	-	alguém
sth	-	algo
v aux	-	verbo auxiliar
vi	-	verbo intransitivo
vi, vt	-	verbo intransitivo, transitivo
vt	-	verbo transitivo

CONCEITOS BÁSICOS

1. Pronomes

eu	I, me	[aɪ], [mi:]
tu	you	[ju:]
ele	he	[hi:]
ela	she	[ʃi:]
ele, ela (neutro)	it	[ɪt]
nós	we	[wi:]
vocês	you	[ju:]
eles, elas	they	[ðeɪ]

2. Cumprimentos. Saudações

Olá!	Hello!	[hə'ləʊ]
Bom dia! (formal)	Hello!	[hə'ləʊ]
Bom dia! (de manhã)	Good morning!	[gʊd 'mɔ:nɪŋ]
Boa tarde!	Good afternoon!	[gʊd ˌɑ:ftə'nu:n]
Boa noite!	Good evening!	[gʊd 'i:vnɪŋ]
cumprimentar (vt)	to say hello	[tə seɪ hə'ləʊ]
Olá!	Hi!	[haɪ]
saudação (f)	greeting	['gri:tɪŋ]
saudar (vt)	to greet (vt)	[tə gri:t]
Como vai?	How are you?	[ˌhaʊ ə 'ju:]
O que há de novo?	What's new?	[ˌwɒts 'nju:]
Até à vista!	Bye-Bye! Goodbye!	[baɪ-baɪ], [gʊd'baɪ]
Até breve!	See you soon!	['si: ju ˌsu:n]
Adeus!	Goodbye!	[gʊd'baɪ]
despedir-se (vr)	to say goodbye	[tə seɪ gʊd'baɪ]
Até logo!	Cheers!	[tʃɪəz]
Obrigado! -a!	Thank you!	['θæŋk ju:]
Muito obrigado! -a!	Thank you very much!	['θæŋk ju 'verɪ mʌtʃ]
De nada	My pleasure!	[maɪ 'pleʒə(r)]
Não tem de quê	Don't mention it!	[ˌdəʊnt 'menʃən ɪt]
Desculpa! -pe!	Excuse me!	[ɪk'skju:z mi:]
desculpar (vt)	to excuse (vt)	[tə ɪk'skju:z]
desculpar-se (vr)	to apologize (vi)	[tə ə'pɒlədʒaɪz]
As minhas desculpas	My apologies.	[maɪ ə'pɒlədʒɪz]
Desculpe!	I'm sorry!	[aɪm 'sɒrɪ]
Não faz mal	It's okay!	[ɪts ˌəʊ'keɪ]

por favor	please	[pli:z]
Não se esqueça!	Don't forget!	[ˌdəʊnt fəˈget]
Certamente! Claro!	Certainly!	[ˈsɜ:tənlɪ]
Claro que não!	Of course not!	[əv ˌkɔ:s ˈnɒt]
Está bem! De acordo!	Okay!	[ˌəʊˈkeɪ]
Basta!	That's enough!	[ðæts ɪˈnʌf]

3. Questões

Quem?	Who?	[hu:]
Que?	What?	[wɒt]
Onde?	Where?	[weə]
Para onde?	Where?	[weə]
De onde?	From where?	[frɒm weə]
Quando?	When?	[wen]
Para quê?	Why?	[waɪ]

Para quê?	What for?	[wɒt fɔ:(r)]
Como?	How?	[haʊ]
Qual? (entre dois ou mais)	Which?	[wɪtʃ]
A quem?	To whom?	[tə hu:m]
Sobre quem?	About whom?	[əˈbaʊt ˌhu:m]
Do quê?	About what?	[əˈbaʊt ˌwɒt]
Com quem?	With whom?	[wɪð ˈhu:m]
Quantos? -as?	How many?	[ˌhaʊ ˈmenɪ]
Quanto?	How much?	[ˌhaʊ ˈmʌtʃ]
De quem?	Whose?	[hu:z]

4. Preposições

com (prep.)	with	[wɪð]
sem (prep.)	without	[wɪˈðaʊt]
a, para (exprime lugar)	to	[tu:]
sobre (ex. falar ~)	about	[əˈbaʊt]
antes de ...	before	[bɪˈfɔ:(r)]
diante de ...	in front of ...	[ɪn ˈfrʌnt əv]

sob (debaixo de)	under	[ˈʌndə(r)]
sobre (em cima de)	above	[əˈbʌv]
sobre (~ a mesa)	on	[ɒn]
de (vir ~ Lisboa)	from	[frɒm]
de (feito ~ pedra)	of	[əv]
dentro de (~ dez minutos)	in	[ɪn]
por cima de ...	over	[ˈəʊvə(r)]

5. Palavras funcionais. Advérbios. Parte 1

Onde?	Where?	[weə]
aqui	here	[hɪə(r)]
lá, ali	there	[ðeə(r)]

em algum lugar	somewhere	['sʌmweə(r)]
em lugar nenhum	nowhere	['nəʊweə(r)]

ao pé de …	by	[baɪ]
ao pé da janela	by the window	[baɪ ðə 'wɪndəʊ]

Para onde?	Where?	[weə]
para cá	here	[hɪə(r)]
para lá	there	[ðeə(r)]
daqui	from here	[frɒm hɪə(r)]
de lá, dali	from there	[frɒm ðeə(r)]

perto	close	[kləʊs]
longe	far	[fɑː(r)]

perto, não fica longe	not far	[nɒt fɑː(r)]
esquerdo	left	[left]
à esquerda	on the left	[ɒn ðə left]
para esquerda	to the left	[tə ðə left]

direito	right	[raɪt]
à direita	on the right	[ɒn ðə raɪt]
para direita	to the right	[tə ðə raɪt]

à frente	in front	[ɪn frʌnt]
da frente	front	[frʌnt]
em frente (para a frente)	ahead	[ə'hed]

atrás de …	behind	[bɪ'haɪnd]
por detrás (vir ~)	from behind	[frɒm bɪ'haɪnd]
para trás	back	[bæk]

meio (m), metade (f)	middle	['mɪdəl]
no meio	in the middle	[ɪn ðə 'mɪdəl]

de lado	at the side	[ət ðə saɪd]
em todo lugar	everywhere	['evrɪweə(r)]
ao redor (olhar ~)	around	[ə'raʊnd]

de dentro	from inside	[frɒm ɪn'saɪd]
para algum lugar	somewhere	['sʌmweə(r)]
diretamente	straight	[streɪt]
de volta	back	[bæk]

de algum lugar	from anywhere	[frɒm 'enɪweə(r)]
de um lugar	from somewhere	[frɒm 'sʌmweə(r)]

em primeiro lugar	firstly	['fɜːstlɪ]
em segundo lugar	secondly	['sekəndlɪ]
em terceiro lugar	thirdly	['θɜːdlɪ]

de repente	suddenly	['sʌdənlɪ]
no início	at first	[ət fɜːst]
pela primeira vez	for the first time	[fɔː ðə 'fɜːst ˌtaɪm]
muito antes de …	long before …	[lɒŋ bɪ'fɔː(r)]
para sempre	for good	[fɔː 'gʊd]

nunca	never	['nevə(r)]
de novo	again	[ə'gen]
agora	now	[naʊ]
frequentemente	often	['ɒfən]
então	then	[ðen]
urgentemente	urgently	['ɜːdʒəntlɪ]
usualmente	usually	['juːʒəlɪ]

a propósito, ...	by the way, ...	[baɪ ðə weɪ]
é possível	possibly	['pɒsəblɪ]
provavelmente	probably	['prɒbəblɪ]
talvez	maybe	['meɪbiː]
além disso, ...	besides ...	[bɪ'saɪdz]
por isso ...	that's why ...	[ðæts waɪ]
apesar de ...	in spite of ...	[ɪn 'spaɪt əv]
graças a ...	thanks to ...	['θæŋks tuː]

que (pron.)	what	[wɒt]
que (conj.)	that	[ðæt]
algo	something	['sʌmθɪŋ]
alguma coisa	anything, something	['enɪθɪŋ], ['sʌmθɪŋ]
nada	nothing	['nʌθɪŋ]

quem	who	[huː]
alguém (~ teve uma ideia ...)	someone	['sʌmwʌn]
alguém	somebody	['sʌmbədɪ]

ninguém	nobody	['nəʊbədɪ]
para lugar nenhum	nowhere	['nəʊweə(r)]
de ninguém	nobody's	['nəʊbədɪz]
de alguém	somebody's	['sʌmbədɪz]

tão	so	[səʊ]
também (gostaria ~ de ...)	also	['ɔːlsəʊ]
também (~ eu)	too	[tuː]

6. Palavras funcionais. Advérbios. Parte 2

Porquê?	Why?	[waɪ]
por alguma razão	for some reason	[fɔː 'sʌm ˌriːzən]
porque ...	because ...	[bɪ'kɒz]

e (tu ~ eu)	and	[ænd]
ou (ser ~ não ser)	or	[ɔː(r)]
mas (porém)	but	[bʌt]
para (~ a minha mãe)	for	[fɔːr]

demasiado, muito	too	[tuː]
só, somente	only	['əʊnlɪ]
exatamente	exactly	[ɪg'zæktlɪ]
cerca de (~ 10 kg)	about	[ə'baʊt]
aproximadamente	approximately	[ə'prɒksɪmətlɪ]
aproximado	approximate	[ə'prɒksɪmət]
quase	almost	['ɔːlməʊst]

resto (m)	the rest	[ðə rest]

o outro (segundo)	the other	[ðə ʌðə(r)]
outro	other	['ʌðə(r)]
cada	each	[i:tʃ]
qualquer	any	['enɪ]
muitos, muitas	many	['menɪ]
muito	much	[mʌtʃ]
muitas pessoas	many people	[ˌmenɪ 'pi:pəl]
todos	all	[ɔ:l]

em troca de ...	in return for ...	[ɪn rɪ'tɜ:n fɔ:]
em troca	in exchange	[ɪn ɪks'tʃeɪndʒ]
à mão	by hand	[baɪ hænd]
pouco provável	hardly	['hɑ:dlɪ]

provavelmente	probably	['prɒbəblɪ]
de propósito	on purpose	[ɒn 'pɜ:pəs]
por acidente	by accident	[baɪ 'æksɪdənt]

muito	very	['verɪ]
por exemplo	for example	[fɔ:r ɪg'zɑ:mpəl]
entre	between	[bɪ'twi:n]
entre (no meio de)	among	[ə'mʌŋ]
tanto	so much	[səʊ mʌtʃ]
especialmente	especially	[ɪ'speʃəlɪ]

NÚMEROS. DIVERSOS

7. Números cardinais. Parte 1

zero	**zero**	['zɪərəʊ]
um	**one**	[wʌn]
dois	**two**	[tu:]
três	**three**	[θri:]
quatro	**four**	[fɔ:(r)]
cinco	**five**	[faɪv]
seis	**six**	[sɪks]
sete	**seven**	['sevən]
oito	**eight**	[eɪt]
nove	**nine**	[naɪn]
dez	**ten**	[ten]
onze	**eleven**	[ɪ'levən]
doze	**twelve**	[twelv]
treze	**thirteen**	[ˌθɜː'ti:n]
catorze	**fourteen**	[ˌfɔː'ti:n]
quinze	**fifteen**	[fɪf'ti:n]
dezasseis	**sixteen**	[sɪks'ti:n]
dezassete	**seventeen**	[ˌsevən'ti:n]
dezoito	**eighteen**	[ˌeɪ'ti:n]
dezanove	**nineteen**	[ˌnaɪn'ti:n]
vinte	**twenty**	['twentɪ]
vinte e um	**twenty-one**	['twentɪ ˌwʌn]
vinte e dois	**twenty-two**	['twentɪ ˌtu:]
vinte e três	**twenty-three**	['twentɪ ˌθri:]
trinta	**thirty**	['θɜːtɪ]
trinta e um	**thirty-one**	['θɜːtɪ ˌwʌn]
trinta e dois	**thirty-two**	['θɜːtɪ ˌtu:]
trinta e três	**thirty-three**	['θɜːtɪ ˌθri:]
quarenta	**forty**	['fɔːtɪ]
quarenta e um	**forty-one**	['fɔːtɪˌwʌn]
quarenta e dois	**forty-two**	['fɔːtɪˌtu:]
quarenta e três	**forty-three**	['fɔːtɪˌθri:]
cinquenta	**fifty**	['fɪftɪ]
cinquenta e um	**fifty-one**	['fɪftɪ ˌwʌn]
cinquenta e dois	**fifty-two**	['fɪftɪ ˌtu:]
cinquenta e três	**fifty-three**	['fɪftɪ ˌθri:]
sessenta	**sixty**	['sɪkstɪ]
sessenta e um	**sixty-one**	['sɪkstɪ ˌwʌn]

| sessenta e dois | sixty-two | ['sɪkstɪ ˌtuː] |
| sessenta e três | sixty-three | ['sɪkstɪ ˌθriː] |

setenta	seventy	['sevəntɪ]
setenta e um	seventy-one	['sevəntɪ ˌwʌn]
setenta e dois	seventy-two	['sevəntɪ ˌtuː]
setenta e três	seventy-three	['sevəntɪ ˌθriː]

oitenta	eighty	['eɪtɪ]
oitenta e um	eighty-one	['eɪtɪ ˌwʌn]
oitenta e dois	eighty-two	['eɪtɪ ˌtuː]
oitenta e três	eighty-three	['eɪtɪ ˌθriː]

noventa	ninety	['naɪntɪ]
noventa e um	ninety-one	['naɪntɪ ˌwʌn]
noventa e dois	ninety-two	['naɪntɪ ˌtuː]
noventa e três	ninety-three	['naɪntɪ ˌθriː]

8. Números cardinais. Parte 2

cem	one hundred	[ˌwʌn 'hʌndrəd]
duzentos	two hundred	[tu 'hʌndrəd]
trezentos	three hundred	[θriː 'hʌndrəd]
quatrocentos	four hundred	[ˌfoː 'hʌndrəd]
quinhentos	five hundred	[ˌfaɪv 'hʌndrəd]

seiscentos	six hundred	[sɪks 'hʌndrəd]
setecentos	seven hundred	['sevən 'hʌndrəd]
oitocentos	eight hundred	[eɪt 'hʌndrəd]
novecentos	nine hundred	[ˌnaɪn 'hʌndrəd]

mil	one thousand	[ˌwʌn 'θaʊzənd]
dois mil	two thousand	[tu 'θaʊzənd]
De quem são ...?	three thousand	[θriː 'θaʊzənd]
dez mil	ten thousand	[ten 'θaʊzənd]
cem mil	one hundred thousand	[ˌwʌn 'hʌndrəd 'θaʊzənd]
um milhão	million	['mɪljən]
mil milhões	billion	['bɪljən]

9. Números ordinais

primeiro	first	[fɜːst]
segundo	second	['sekənd]
terceiro	third	[θɜːd]
quarto	fourth	[foːθ]
quinto	fifth	[fɪfθ]

sexto	sixth	[sɪksθ]
sétimo	seventh	['sevənθ]
oitavo	eighth	[eɪtθ]
nono	ninth	[naɪnθ]
décimo	tenth	[tenθ]

CORES. UNIDADES DE MEDIDA

10. Cores

cor (f)	colour	['kʌlə(r)]
matiz (m)	shade	[ʃeɪd]
tom (m)	hue	[hju:]
arco-íris (m)	rainbow	['reɪnbəʊ]
branco	white	[waɪt]
preto	black	[blæk]
cinzento	grey	[greɪ]
verde	green	[gri:n]
amarelo	yellow	['jeləʊ]
vermelho	red	[red]
azul	blue	[blu:]
azul claro	light blue	[ˌlaɪt 'blu:]
rosa	pink	[pɪŋk]
laranja	orange	['ɒrɪndʒ]
violeta	violet	['vaɪələt]
castanho	brown	[braʊn]
dourado	golden	['gəʊldən]
prateado	silvery	['sɪlvərɪ]
bege	beige	[beɪʒ]
creme	cream	[kri:m]
turquesa	turquoise	['tɜ:kwɔɪz]
vermelho cereja	cherry red	['ʧerɪ red]
lilás	lilac	['laɪlək]
carmesim	crimson	['krɪmzən]
claro	light	[laɪt]
escuro	dark	[dɑ:k]
vivo	bright	[braɪt]
de cor	coloured	['kʌləd]
a cores	colour	['kʌlə(r)]
preto e branco	black-and-white	[blæk ən waɪt]
unicolor	plain, one-coloured	[pleɪn], [ˌwʌn'kʌləd]
multicor	multicoloured	['mʌltɪˌkʌləd]

11. Unidades de medida

peso (m)	weight	[weɪt]
comprimento (m)	length	[leŋθ]

largura (f)	width	[wɪdθ]
altura (f)	height	[haɪt]
profundidade (f)	depth	[depθ]
volume (m)	volume	['vɒljuːm]
área (f)	area	['eərɪə]

grama (m)	gram	[græm]
miligrama (m)	milligram	['mɪlɪgræm]
quilograma (m)	kilogram	['kɪləˌgræm]
tonelada (f)	ton	[tʌn]
libra (453,6 gramas)	pound	[paʊnd]
onça (f)	ounce	[aʊns]

metro (m)	metre	['miːtə(r)]
milímetro (m)	millimetre	['mɪlɪˌmiːtə(r)]
centímetro (m)	centimetre	['sentɪˌmiːtə(r)]
quilómetro (m)	kilometre	['kɪləˌmiːtə(r)]
milha (f)	mile	[maɪl]

polegada (f)	inch	[ɪntʃ]
pé (304,74 mm)	foot	[fʊt]
jarda (914,383 mm)	yard	[jɑːd]

metro (m) quadrado	square metre	[skweə 'miːtə(r)]
hectare (m)	hectare	['hekteə(r)]

litro (m)	litre	['liːtə(r)]
grau (m)	degree	[dɪ'griː]
volt (m)	volt	[vəʊlt]
ampere (m)	ampere	['æmpeə(r)]
cavalo-vapor (m)	horsepower	['hɔːsˌpaʊə(r)]

quantidade (f)	quantity	['kwɒntɪtɪ]
um pouco de ...	a little bit of ...	[ə 'lɪtəl bɪt əv]
metade (f)	half	[hɑːf]
dúzia (f)	dozen	['dʌzən]
peça (f)	piece	[piːs]

dimensão (f)	size	[saɪz]
escala (f)	scale	[skeɪl]

mínimo	minimal	['mɪnɪməl]
menor, mais pequeno	the smallest	[ðə 'smɔːləst]
médio	medium	['miːdɪəm]
máximo	maximal	['mæksɪməl]
maior, mais grande	the largest	[ðə 'lɑːdʒɪst]

12. Recipientes

boião (m) de vidro	jar	[dʒɑː(r)]
lata (~ de cerveja)	tin	[tɪn]
balde (m)	bucket	['bʌkɪt]
barril (m)	barrel	['bærəl]
bacia (~ de plástico)	basin	['beɪsən]

tanque (m)	tank	[tæŋk]
cantil (m) de bolso	hip flask	[hɪp flɑːsk]
bidão (m) de gasolina	jerrycan	[ˈdʒerɪkæn]
cisterna (f)	tank	[tæŋk]

caneca (f)	mug	[mʌg]
chávena (f)	cup	[kʌp]
pires (m)	saucer	[ˈsɔːsə(r)]
copo (m)	glass	[glɑːs]
taça (f) de vinho	glass	[glɑːs]
panela, caçarola (f)	stock pot	[stɒk pɒt]

| garrafa (f) | bottle | [ˈbɒtəl] |
| gargalo (m) | neck | [nek] |

jarro, garrafa (f)	carafe	[kəˈræf]
jarro (m) de barro	jug	[dʒʌg]
recipiente (m)	vessel	[ˈvesəl]
pote (m)	pot	[pɒt]
vaso (m)	vase	[vɑːz]

frasco (~ de perfume)	bottle	[ˈbɒtəl]
frasquinho (ex. ~ de iodo)	vial, small bottle	[ˈvaɪəl], [smɔːl ˈbɒtəl]
tubo (~ de pasta dentífrica)	tube	[tjuːb]

saca (ex. ~ de açúcar)	sack	[sæk]
saco (~ de plástico)	bag	[bæg]
maço (m)	packet	[ˈpækɪt]

caixa (~ de sapatos, etc.)	box	[bɒks]
caixa (~ de madeira)	box	[bɒks]
cesta (f)	basket	[ˈbɑːskɪt]

VERBOS PRINCIPAIS

13. Os verbos mais importantes. Parte 1

abrir (vt)	to open (vt)	[tə 'əʊpən]
acabar, terminar (vt)	to finish (vt)	[tə 'fɪnɪʃ]
aconselhar (vt)	to advise (vt)	[tə əd'vaɪz]
adivinhar (vt)	to guess (vt)	[tə ges]
advertir (vt)	to warn (vt)	[tə wɔ:n]
ajudar (vt)	to help (vt)	[tə help]
almoçar (vi)	to have lunch	[tə hæv lʌntʃ]
alugar (~ um apartamento)	to rent (vt)	[tə rent]
amar (vt)	to love (vt)	[tə lʌv]
ameaçar (vt)	to threaten (vt)	[tə 'θretən]
anotar (escrever)	to write down	[tə ˌraɪt 'daʊn]
apanhar (vt)	to catch (vt)	[tə kætʃ]
apressar-se (vr)	to hurry (vi)	[tə 'hʌrɪ]
arrepender-se (vr)	to regret (vi)	[tə rɪ'gret]
assinar (vt)	to sign (vt)	[tə saɪn]
atirar, disparar (vi)	to shoot (vi)	[tə ʃu:t]
brincar (vi)	to joke (vi)	[tə dʒəʊk]
brincar, jogar (crianças)	to play (vi)	[tə pleɪ]
buscar (vt)	to look for ...	[tə lʊk fɔ:(r)]
caçar (vi)	to hunt (vi, vt)	[tə hʌnt]
cair (vi)	to fall (vi)	[tə fɔ:l]
cavar (vt)	to dig (vt)	[tə dɪg]
cessar (vt)	to stop (vt)	[tə stɒp]
chamar (~ por socorro)	to call (vt)	[tə kɔ:l]
chegar (vi)	to arrive (vi)	[tə ə'raɪv]
chorar (vi)	to cry (vi)	[tə kraɪ]
começar (vt)	to begin (vt)	[tə bɪ'gɪn]
comparar (vt)	to compare (vt)	[tə kəm'peə(r)]
compreender (vt)	to understand (vt)	[təˌʌndə'stænd]
concordar (vi)	to agree (vi)	[tə ə'gri:]
confiar (vt)	to trust (vt)	[tə trʌst]
confundir (equivocar-se)	to confuse, to mix up (vt)	[tə kən'fju:z], [tə mɪks ʌp]
conhecer (vt)	to know (vt)	[tə nəʊ]
contar (fazer contas)	to count (vt)	[tə kaʊnt]
contar com (esperar)	to count on ...	[tə kaʊnt ɒn]
continuar (vt)	to continue (vt)	[tə kən'tɪnju:]
controlar (vt)	to control (vt)	[tə kən'trəʊl]
convidar (vt)	to invite (vt)	[tə ɪn'vaɪt]
correr (vi)	to run (vi)	[tə rʌn]

| criar (vt) | to create (vt) | [tə kri:'eɪt] |
| custar (vt) | to cost (vt) | [tə kɒst] |

14. Os verbos mais importantes. Parte 2

dar (vt)	to give (vt)	[tə gɪv]
dar uma dica	to give a hint	[tə gɪv ə hɪnt]
decorar (enfeitar)	to decorate (vt)	[tə 'dekəreɪt]
defender (vt)	to defend (vt)	[tə dɪ'fend]
deixar cair (vt)	to drop (vt)	[tə drɒp]

descer (para baixo)	to come down	[tə kʌm daʊn]
desculpar (vt)	to excuse (vt)	[tə ɪk'skju:z]
dirigir (~ uma empresa)	to run, to manage	[tə rʌn], [tə 'mænɪdʒ]
discutir (notícias, etc.)	to discuss (vt)	[tə dɪs'kʌs]
dizer (vt)	to say (vt)	[tə seɪ]

duvidar (vt)	to doubt (vi)	[tə daʊt]
enganar (vt)	to deceive (vi, vt)	[tə dɪ'si:v]
entrar (na sala, etc.)	to enter (vt)	[tə 'entə(r)]
enviar (uma carta)	to send (vt)	[tə send]

errar (equivocar-se)	to make a mistake	[tə meɪk ə mɪ'steɪk]
escolher (vt)	to choose (vt)	[tə tʃu:z]
esconder (vt)	to hide (vt)	[tə haɪd]
escrever (vt)	to write (vt)	[tə raɪt]
esperar (o autocarro, etc.)	to wait (vt)	[tə weɪt]

esperar (ter esperança)	to hope (vi, vt)	[tə həʊp]
esquecer (vt)	to forget (vi, vt)	[tə fə'get]
estudar (vt)	to study (vt)	[tə 'stʌdɪ]

| exigir (vt) | to demand (vt) | [tə dɪ'mɑ:nd] |
| existir (vi) | to exist (vi) | [tə ɪg'zɪst] |

explicar (vt)	to explain (vt)	[tə ɪk'spleɪn]
falar (vi)	to speak (vi, vt)	[tə spi:k]
faltar (clases, etc.)	to miss (vt)	[tə mɪs]
fazer (vt)	to do (vt)	[tə du:]

| ficar em silêncio | to keep silent | [tə ki:p 'saɪlənt] |
| gabar-se, jactar-se (vr) | to boast (vi) | [tə bəʊst] |

| gostar (apreciar) | to fancy (vt) | [tə 'fænsɪ] |
| gritar (vi) | to shout (vi) | [tə ʃaʊt] |

| guardar (cartas, etc.) | to keep (vt) | [tə ki:p] |
| informar (vt) | to inform (vt) | [tə ɪn'fɔ:m] |

insultar (vt)	to insult (vt)	[tə ɪn'sʌlt]
interessar-se (vr)	to be interested in ...	[tə bi 'ɪntrestɪd ɪn]
ir (a pé)	to go (vi)	[tə gəʊ]
ir nadar	to go for a swim	[tə gəʊ fərə swɪm]
jantar (vi)	to have dinner	[tə hæv 'dɪnə(r)]

15. Os verbos mais importantes. Parte 3

ler (vt)	to read (vi, vt)	[tə riːd]
libertar (cidade, etc.)	to liberate (vt)	[tə 'lɪbəreɪt]
matar (vt)	to kill (vt)	[tə kɪl]
mencionar (vt)	to mention (vt)	[tə 'menʃən]
mostrar (vt)	to show (vt)	[tə ʃəʊ]
mudar (modificar)	to change (vt)	[tə ʧeɪndʒ]
nadar (vi)	to swim (vi)	[tə swɪm]
negar-se a ...	to refuse (vi, vt)	[tə rɪ'fjuːz]
objetar (vt)	to object (vi, vt)	[tə əb'dʒekt]
observar (vt)	to observe (vt)	[tə əb'zɜːv]
ordenar (mil.)	to order (vi, vt)	[tə 'ɔːdə(r)]
ouvir (vt)	to hear (vt)	[tə hɪə(r)]
pagar (vi, vt)	to pay (vi, vt)	[tə peɪ]
parar (vi)	to stop (vi)	[tə stɒp]
participar (vi)	to participate (vi)	[tə pɑː'tɪsɪpeɪt]
pedir (comida)	to order (vt)	[tə 'ɔːdə(r)]
pedir (um favor, etc.)	to ask (vt)	[tə ɑːsk]
pegar (tomar)	to take (vt)	[tə teɪk]
pensar (vt)	to think (vi, vt)	[tə θɪŋk]
perceber (ver)	to notice (vt)	[tə 'nəʊtɪs]
perdoar (vt)	to forgive (vt)	[tə fə'gɪv]
perguntar (vt)	to ask (vt)	[tə ɑːsk]
permitir (vt)	to permit (vt)	[tə pə'mɪt]
pertencer a ...	to belong to ...	[tə bɪ'lɒŋ tuː]
planear (vt)	to plan (vt)	[tə plæn]
poder (vi)	can (v aux)	[kæn]
possuir (vt)	to own (vt)	[tə əʊn]
preferir (vt)	to prefer (vt)	[tə prɪ'fɜː(r)]
preparar (vt)	to cook (vt)	[tə kʊk]
prever (vt)	to expect (vt)	[tə ɪk'spekt]
prometer (vt)	to promise (vt)	[tə 'prɒmɪs]
pronunciar (vt)	to pronounce (vt)	[tə prə'naʊns]
propor (vt)	to propose (vt)	[tə prə'pəʊz]
punir (castigar)	to punish (vt)	[tə 'pʌnɪʃ]

16. Os verbos mais importantes. Parte 4

quebrar (vt)	to break (vt)	[tə breɪk]
queixar-se (vr)	to complain (vi, vt)	[tə kəm'pleɪn]
querer (desejar)	to want (vt)	[tə wɒnt]
recomendar (vt)	to recommend (vt)	[tə ˌrekə'mend]
repetir (dizer outra vez)	to repeat (vt)	[tə rɪ'piːt]
repreender (vt)	to scold (vt)	[tə skəʊld]
reservar (~ um quarto)	to reserve, to book	[tə rɪ'zɜːv], [tə bʊk]

responder (vt)	to answer (vi, vt)	[tə 'ɑ:nsə(r)]
rezar, orar (vi)	to pray (vi, vt)	[tə preɪ]
rir (vi)	to laugh (vi)	[tə lɑ:f]

roubar (vt)	to steal (vt)	[tə sti:l]
saber (vt)	to know (vt)	[tə nəʊ]
sair (~ de casa)	to go out	[tə gəʊ aʊt]
salvar (vt)	to save, to rescue	[tə seɪv], [tə 'reskju:]
seguir ...	to follow ...	[tə 'fɒləʊ]

sentar-se (vr)	to sit down (vi)	[tə sɪt daʊn]
ser necessário	to be needed	[tə bi 'ni:dɪd]
ser, estar	to be (vi)	[tə bi:]
significar (vt)	to mean (vt)	[tə mi:n]

sorrir (vi)	to smile (vi)	[tə smaɪl]
subestimar (vt)	to underestimate (vt)	[tə ˌʌndə'restɪmeɪt]
surpreender-se (vr)	to be surprised	[tə bi sə'praɪzd]
tentar (vt)	to try (vt)	[tə traɪ]

ter (vt)	to have (vt)	[tə hæv]
ter fome	to be hungry	[tə bi 'hʌŋgrɪ]
ter medo	to be afraid	[tə bi ə'freɪd]
ter sede	to be thirsty	[tə bi 'θɜ:stɪ]

tocar (com as mãos)	to touch (vt)	[tə tʌʧ]
tomar o pequeno-almoço	to have breakfast	[tə hæv 'brekfəst]
trabalhar (vi)	to work (vi)	[tə wɜ:k]
traduzir (vt)	to translate (vt)	[tə træns'leɪt]
unir (vt)	to unite (vt)	[tə ju:'naɪt]

vender (vt)	to sell (vt)	[tə sel]
ver (vt)	to see (vt)	[tə si:]
virar (ex. ~ à direita)	to turn (vi)	[tə tɜ:n]
voar (vi)	to fly (vi)	[tə flaɪ]

TEMPO. CALENDÁRIO

17. Dias da semana

segunda-feira (f)	Monday	['mʌndɪ]
terça-feira (f)	Tuesday	['tjuːzdɪ]
quarta-feira (f)	Wednesday	['wenzdɪ]
quinta-feira (f)	Thursday	['θɜːzdɪ]
sexta-feira (f)	Friday	['fraɪdɪ]
sábado (m)	Saturday	['sætədɪ]
domingo (m)	Sunday	['sʌndɪ]
hoje	today	[tə'deɪ]
amanhã	tomorrow	[tə'mɒrəʊ]
depois de amanhã	the day after tomorrow	[ðə deɪ 'ɑːftə tə'mɒrəʊ]
ontem	yesterday	['jestədɪ]
anteontem	the day before yesterday	[ðə deɪ bɪ'fɔː 'jestədɪ]
dia (m)	day	[deɪ]
dia (m) de trabalho	working day	['wɜːkɪŋ deɪ]
feriado (m)	public holiday	['pʌblɪk 'hɒlɪdeɪ]
dia (m) de folga	day off	[ˌdeɪ'ɒf]
fim (m) de semana	weekend	[ˌwiːk'end]
o dia todo	all day long	[ɔːl 'deɪ ˌlɒŋ]
no dia seguinte	the next day	[ðə nekst deɪ]
há dois dias	two days ago	[tu deɪz ə'gəʊ]
na véspera	the day before	[ðə deɪ bɪ'fɔː(r)]
diário	daily	['deɪlɪ]
todos os dias	every day	[ˌevrɪ 'deɪ]
semana (f)	week	[wiːk]
na semana passada	last week	[ˌlɑːst 'wiːk]
na próxima semana	next week	[ˌnekst 'wiːk]
semanal	weekly	['wiːklɪ]
cada semana	every week	[ˌevrɪ 'wiːk]
duas vezes por semana	twice a week	[ˌtwaɪs ə 'wiːk]
cada terça-feira	every Tuesday	['evrɪ 'tjuːzdɪ]

18. Horas. Dia e noite

manhã (f)	morning	['mɔːnɪŋ]
de manhã	in the morning	[ɪn ðə 'mɔːnɪŋ]
meio-dia (m)	noon, midday	[nuːn], ['mɪddeɪ]
à tarde	in the afternoon	[ɪn ðə ˌɑːftə'nuːn]
noite (f)	evening	['iːvnɪŋ]
à noite (noitinha)	in the evening	[ɪn ðɪ 'iːvnɪŋ]

noite (f)	night	[naɪt]
à noite	at night	[ət naɪt]
meia-noite (f)	midnight	['mɪdnaɪt]

segundo (m)	second	['sekənd]
minuto (m)	minute	['mɪnɪt]
hora (f)	hour	['aʊə(r)]
meia hora (f)	half an hour	[ˌhɑːf ən 'aʊə(r)]
quarto (m) de hora	a quarter-hour	[ə 'kwɔːtər'aʊə(r)]
quinze minutos	fifteen minutes	[fɪf'tiːn 'mɪnɪts]
vinte e quatro horas	twenty four hours	['twentɪ fɔːr'aʊəz]

nascer (m) do sol	sunrise	['sʌnraɪz]
amanhecer (m)	dawn	[dɔːn]
madrugada (f)	early morning	['ɜːlɪ 'mɔːnɪŋ]
pôr do sol (m)	sunset	['sʌnset]

de madrugada	early in the morning	['ɜːlɪ ɪn ðə 'mɔːnɪŋ]
hoje de manhã	this morning	[ðɪs 'mɔːnɪŋ]
amanhã de manhã	tomorrow morning	[tə'mɒrəʊ 'mɔːnɪŋ]

hoje à tarde	this afternoon	[ðɪs ˌɑːftə'nuːn]
à tarde	in the afternoon	[ɪn ðə ˌɑːftə'nuːn]
amanhã à tarde	tomorrow afternoon	[tə'mɒrəʊ ˌɑːftə'nuːn]

| hoje à noite | tonight | [tə'naɪt] |
| amanhã à noite | tomorrow night | [tə'mɒrəʊ naɪt] |

às três horas em ponto	at 3 o'clock sharp	[ət θriː ə'klɒk ʃɑːp]
por volta das quatro	about 4 o'clock	[ə'baʊt ˌfɔːrə'klɒk]
às doze	by 12 o'clock	[baɪ twelv ə'klɒk]

dentro de vinte minutos	in 20 minutes	[ɪn 'twentɪ ˌmɪnɪts]
dentro duma hora	in an hour	[ɪn ən 'aʊə(r)]
a tempo	on time	[ɒn 'taɪm]

menos um quarto	a quarter to ...	[ə 'kwɔːtə tə]
durante uma hora	within an hour	[wɪ'ðɪn æn 'aʊə(r)]
a cada quinze minutos	every 15 minutes	['evrɪ fɪf'tiːn 'mɪnɪts]
as vinte e quatro horas	round the clock	['raʊnd ðə ˌklɒk]

19. Meses. Estações

janeiro (m)	January	['dʒænjʊərɪ]
fevereiro (m)	February	['febrʊərɪ]
março (m)	March	[mɑːʧ]
abril (m)	April	['eɪprəl]
maio (m)	May	[meɪ]
junho (m)	June	[dʒuːn]

julho (m)	July	[dʒuː'laɪ]
agosto (m)	August	['ɔːgəst]
setembro (m)	September	[sep'tembə(r)]
outubro (m)	October	[ɒk'təʊbə(r)]

novembro (m)	November	[nəʊ'vembə(r)]
dezembro (m)	December	[dɪ'sembə(r)]
primavera (f)	spring	[sprɪŋ]
na primavera	in spring	[ɪn sprɪŋ]
primaveril	spring	[sprɪŋ]
verão (m)	summer	['sʌmə(r)]
no verão	in summer	[ɪn 'sʌmə(r)]
de verão	summer	['sʌmə(r)]
outono (m)	autumn	['ɔ:təm]
no outono	in autumn	[ɪn 'ɔ:təm]
outonal	autumn	['ɔ:təm]
inverno (m)	winter	['wɪntə(r)]
no inverno	in winter	[ɪn 'wɪntə(r)]
de inverno	winter	['wɪntə(r)]
mês (m)	month	[mʌnθ]
este mês	this month	[ðɪs mʌnθ]
no próximo mês	next month	[ˌnekst 'mʌnθ]
no mês passado	last month	[ˌlɑ:st 'mʌnθ]
há um mês	a month ago	[əˌmʌnθ ə'gəʊ]
dentro de um mês	in a month	[ɪn ə 'mʌnθ]
dentro de dois meses	in two months	[ɪn ˌtu: 'mʌnθs]
todo o mês	the whole month	[ðə ˌhəʊl 'mʌnθ]
um mês inteiro	all month long	[ɔ:l 'mʌnθ ˌlɒŋ]
mensal	monthly	['mʌnθlɪ]
mensalmente	monthly	['mʌnθlɪ]
cada mês	every month	[ˌevrɪ 'mʌnθ]
duas vezes por mês	twice a month	[ˌtwaɪs ə 'mʌnθ]
ano (m)	year	[jɪə(r)]
este ano	this year	[ðɪs jɪə(r)]
no próximo ano	next year	[ˌnekst 'jɪə(r)]
no ano passado	last year	[ˌlɑ:st 'jɪə(r)]
há um ano	a year ago	[ə jɪərə'gəʊ]
dentro dum ano	in a year	[ɪn ə 'jɪə(r)]
dentro de 2 anos	in two years	[ɪn ˌtu: 'jɪəz]
todo o ano	the whole year	[ðə ˌhəʊl 'jɪə(r)]
um ano inteiro	all year long	[ɔ:l 'jɪə ˌlɒŋ]
cada ano	every year	[ˌevrɪ 'jɪə(r)]
anual	annual	['ænjʊəl]
anualmente	annually	['ænjʊəlɪ]
quatro vezes por ano	4 times a year	[fɔ: taɪmz əjɪər]
data (~ de hoje)	date	[deɪt]
data (ex. ~ de nascimento)	date	[deɪt]
calendário (m)	calendar	['kælɪndə(r)]
meio ano	half a year	[ˌhɑ:f ə 'jɪə(r)]
seis meses	six months	[sɪks mʌnθs]
estação (f)	season	['si:zən]

27

VIAGENS. HOTEL

20. Viagens

turismo (m)	tourism, travel	['tʊərɪzəm], ['trævəl]
turista (m)	tourist	['tʊərɪst]
viagem (f)	trip	[trɪp]
aventura (f)	adventure	[əd'ventʃə(r)]
viagem (f)	trip, journey	[trɪp], ['dʒɜːnɪ]
férias (f pl)	holiday	['hɒlɪdeɪ]
estar de férias	to be on holidays	[tə bi ɒn 'hɒlɪdeɪz]
descanso (m)	rest	[rest]
comboio (m)	train	[treɪn]
de comboio (chegar ~)	by train	[baɪ treɪn]
avião (m)	aeroplane	['eərəpleɪn]
de avião	by aeroplane	[baɪ 'eərəpleɪn]
de carro	by car	[baɪ kɑː(r)]
de navio	by ship	[baɪ ʃɪp]
bagagem (f)	luggage	['lʌgɪdʒ]
mala (f)	suitcase	['suːtkeɪs]
carrinho (m)	luggage trolley	['lʌgɪdʒ 'trɒlɪ]
passaporte (m)	passport	['pɑːspɔːt]
visto (m)	visa	['viːzə]
bilhete (m)	ticket	['tɪkɪt]
bilhete (m) de avião	air ticket	['eə 'tɪkɪt]
guia (m) de viagem	guidebook	['gaɪdbʊk]
mapa (m)	map	[mæp]
local (m), area (f)	area	['eərɪə]
lugar, sítio (m)	place, site	[pleɪs], [saɪt]
exotismo (m)	exotica	[ɪg'zɒtɪkə]
exótico	exotic	[ɪg'zɒtɪk]
surpreendente	amazing	[ə'meɪzɪŋ]
grupo (m)	group	[gruːp]
excursão (f)	excursion	[ɪk'skɜːʃən]
guia (m)	guide	[gaɪd]

21. Hotel

hotel (m)	hotel	[həʊ'tel]
motel (m)	motel	[məʊ'tel]
três estrelas	three-star	[θriː stɑː(r)]
cinco estrelas	five-star	[ˌfaɪv 'stɑː(r)]

ficar (~ num hotel)	to stay (vi)	[tə steɪ]
quarto (m)	room	[ruːm]
quarto (m) individual	single room	[ˈsɪŋgəl ruːm]
quarto (m) duplo	double room	[ˈdʌbəl ruːm]
reservar um quarto	to book a room	[tə bʊk ə ruːm]
meia pensão (f)	half board	[hɑːf bɔːd]
pensão (f) completa	full board	[fʊl bɔːd]
com banheira	with bath	[wɪð bɑːθ]
com duche	with shower	[wɪð ˈʃaʊə(r)]
televisão (m) satélite	satellite television	[ˈsætəlaɪt ˈtelɪˌvɪʒən]
ar (m) condicionado	air-conditioner	[eə kənˈdɪʃənə]
toalha (f)	towel	[ˈtaʊəl]
chave (f)	key	[kiː]
administrador (m)	administrator	[ədˈmɪnɪstreɪtə(r)]
camareira (f)	chambermaid	[ˈʧeɪmbəˌmeɪd]
bagageiro (m)	porter	[ˈpɔːtə(r)]
porteiro (m)	doorman	[ˈdɔːmən]
restaurante (m)	restaurant	[ˈrestrɒnt]
bar (m)	pub	[pʌb]
pequeno-almoço (m)	breakfast	[ˈbrekfəst]
jantar (m)	dinner	[ˈdɪnə(r)]
buffet (m)	buffet	[ˈbʊfeɪ]
elevador (m)	lift	[lɪft]
NÃO PERTURBE	DO NOT DISTURB	[du nɒt dɪˈstɜːb]
PROIBIDO FUMAR!	NO SMOKING	[nəʊ ˈsməʊkɪŋ]

22. Turismo

monumento (m)	monument	[ˈmɒnjʊmənt]
fortaleza (f)	fortress	[ˈfɔːtrɪs]
palácio (m)	palace	[ˈpælɪs]
castelo (m)	castle	[ˈkɑːsəl]
torre (f)	tower	[ˈtaʊə(r)]
mausoléu (m)	mausoleum	[ˌmɔːzəˈlɪəm]
arquitetura (f)	architecture	[ˈɑːkɪtekʧə(r)]
medieval	medieval	[ˌmedɪˈiːvəl]
antigo	ancient	[ˈeɪnʃənt]
nacional	national	[ˈnæʃənəl]
conhecido	famous	[ˈfeɪməs]
turista (m)	tourist	[ˈtʊərɪst]
guia (pessoa)	guide	[gaɪd]
excursão (f)	excursion	[ɪkˈskɜːʃən]
mostrar (vt)	to show (vt)	[tə ʃəʊ]
contar (vt)	to tell (vt)	[tə tel]
encontrar (vt)	to find (vt)	[tə faɪnd]
perder-se (vr)	to get lost	[tə get lɒst]

mapa (~ do metrô)	**map**	[mæp]
mapa (~ da cidade)	**map**	[mæp]
lembrança (f), presente (m)	**souvenir, gift**	[ˌsuːvəˈnɪə], [gɪft]
loja (f) de presentes	**gift shop**	[ˈgɪftʃɒp]
fotografar (vt)	**to take pictures**	[tə ˌteɪk ˈpɪktʃəz]

TRANSPORTES

23. Aeroporto

aeroporto (m)	airport	['eəpɔːt]
avião (m)	aeroplane	['eərəpleɪn]
companhia (f) aérea	airline	['eəlaɪn]
controlador (m) de tráfego aéreo	air traffic controller	['eə 'træfɪk kən'trəʊlə]
partida (f)	departure	[dɪ'pɑːʧə(r)]
chegada (f)	arrival	[ə'raɪvəl]
chegar (~ de avião)	to arrive (vi)	[tə ə'raɪv]
hora (f) de partida	departure time	[dɪ'pɑːʧə ˌtaɪm]
hora (f) de chegada	arrival time	[ə'raɪvəl taɪm]
estar atrasado	to be delayed	[tə bi dɪ'leɪd]
atraso (m) de voo	flight delay	[flaɪt dɪ'leɪ]
painel (m) de informação	information board	[ˌɪnfə'meɪʃən bɔːd]
informação (f)	information	[ˌɪnfə'meɪʃən]
anunciar (vt)	to announce (vt)	[tə ə'naʊns]
voo (m)	flight	[flaɪt]
alfândega (f)	customs	['kʌstəmz]
funcionário (m) da alfândega	customs officer	['kʌstəmz 'ɒfɪsə(r)]
declaração (f) alfandegária	customs declaration	['kʌstəmz ˌdeklə'reɪʃən]
preencher (vt)	to fill in (vt)	[tə fɪl 'ɪn]
preencher a declaração	to fill in the declaration	[tə fɪl 'ɪn ðə ˌdeklə'reɪʃən]
controlo (m) de passaportes	passport control	['pɑːspɔːt kən'trəʊl]
bagagem (f)	luggage	['lʌgɪʤ]
bagagem (f) de mão	hand luggage	['hændˌlʌgɪʤ]
carrinho (m)	luggage trolley	['lʌgɪʤ 'trɒlɪ]
aterragem (f)	landing	['lændɪŋ]
pista (f) de aterragem	landing strip	['lændɪŋ strɪp]
aterrar (vi)	to land (vi)	[tə lænd]
escada (f) de avião	airstairs	[eə'steəz]
check-in (m)	check-in	['ʧek ɪn]
balcão (m) do check-in	check-in counter	[ʧek-'ɪn 'kaʊntə(r)]
fazer o check-in	to check-in (vi)	[tə ʧek ɪn]
cartão (m) de embarque	boarding card	['bɔːdɪŋ kɑːd]
porta (f) de embarque	departure gate	[dɪ'pɑːʧə ˌgeɪt]
trânsito (m)	transit	['trænsɪt]
esperar (vi, vt)	to wait (vt)	[tə weɪt]
sala (f) de espera	departure lounge	[dɪ'pɑːʧə laʊnʤ]

24. Avião

avião (m)	aeroplane	['eərəpleɪn]
bilhete (m) de avião	air ticket	['eə 'tɪkɪt]
companhia (f) aérea	airline	['eəlaɪn]
aeroporto (m)	airport	['eəpɔ:t]
supersónico	supersonic	[ˌsu:pə'sɒnɪk]
comandante (m) do avião	captain	['kæptɪn]
tripulação (f)	crew	[kru:]
piloto (m)	pilot	['paɪlət]
hospedeira (f) de bordo	stewardess	['stjʊədɪs]
copiloto (m)	navigator	['nævɪɡeɪtə(r)]
asas (f pl)	wings	[wɪŋz]
cauda (f)	tail	[teɪl]
cabine (f) de pilotagem	cockpit	['kɒkpɪt]
motor (m)	engine	['endʒɪn]
trem (m) de aterragem	landing gear	['lændɪŋ ɡɪə(r)]
turbina (f)	turbine	['tɜ:baɪn]
hélice (f)	propeller	[prə'pelə(r)]
caixa-preta (f)	black box	[blæk bɒks]
coluna (f) de controlo	yoke, control column	[jəʊk], [kən'trəʊl 'kɒləm]
combustível (m)	fuel	[fjʊəl]
instruções (f pl) de segurança	safety card	['seɪftɪ kɑ:d]
máscara (f) de oxigénio	oxygen mask	['ɒksɪdʒən mɑ:sk]
uniforme (m)	uniform	['junɪfɔ:m]
colete (m) salva-vidas	lifejacket	[laɪf 'dʒækɪt]
paraquedas (m)	parachute	['pærəʃu:t]
descolagem (f)	takeoff	[teɪkɒf]
descolar (vi)	to take off (vi)	[tə teɪk ɒf]
pista (f) de descolagem	runway	['rʌnˌweɪ]
visibilidade (f)	visibility	[ˌvɪzɪ'bɪlɪtɪ]
voo (m)	flight	[flaɪt]
altura (f)	altitude	['æltɪtju:d]
poço (m) de ar	air pocket	[eə 'pɒkɪt]
assento (m)	seat	[si:t]
auscultadores (m pl)	headphones	['hedfəʊnz]
mesa (f) rebatível	folding tray	['fəʊldɪŋ treɪ]
vigia (f)	window	['wɪndəʊ]
passagem (f)	aisle	[aɪl]

25. Comboio

comboio (m)	train	[treɪn]
comboio (m) suburbano	commuter train	[kə'mju:tə(r) treɪn]
comboio (m) rápido	express train	[ɪk'spres treɪn]
locomotiva (f) diesel	diesel locomotive	['di:zəl ˌləʊkə'məʊtɪv]

locomotiva (f) a vapor	steam locomotive	[sti:m ˌləʊkə'məʊtɪv]
carruagem (f)	coach, carriage	[kəʊtʃ], ['kærɪdʒ]
carruagem restaurante (f)	buffet car	['bʊfeɪ kɑː(r)]

carris (m pl)	rails	[reɪlz]
caminho de ferro (m)	railway	['reɪlweɪ]
travessa (f)	sleeper	['sli:pə(r)]

plataforma (f)	platform	['plætfɔ:m]
linha (f)	platform	['plætfɔ:m]
semáforo (m)	semaphore	['seməfɔ:(r)]
estação (f)	station	['steɪʃən]

maquinista (m)	train driver	[treɪn 'draɪvə(r)]
bagageiro (m)	porter	['pɔ:tə(r)]
hospedeiro, -a (da carruagem)	carriage attendant	[kɑː(r) ə'tendənt]
passageiro (m)	passenger	['pæsɪndʒə(r)]
revisor (m)	ticket inspector	['tɪkɪt ɪn'spektə]

| corredor (m) | corridor | ['kɒrɪˌdɔ:(r)] |
| freio (m) de emergência | emergency brake | [ɪ'mɜːdʒənsɪ breɪk] |

compartimento (m)	compartment	[kəm'pɑːtmənt]
cama (f)	berth	[bɜːθ]
cama (f) de cima	upper berth	['ʌpə bɜːθ]
cama (f) de baixo	lower berth	['ləʊə 'bɜːθ]
roupa (f) de cama	bed linen, bedding	[bed 'lɪnɪn], ['bedɪŋ]

bilhete (m)	ticket	['tɪkɪt]
horário (m)	timetable	['taɪmˌteɪbəl]
painel (m) de informação	information display	[ˌɪnfə'meɪʃən dɪ'spleɪ]

partir (vt)	to leave, to depart	[tə li:v], [tə dɪ'pɑ:t]
partida (f)	departure	[dɪ'pɑ:tʃə(r)]
chegar (vi)	to arrive (vi)	[tə ə'raɪv]
chegada (f)	arrival	[ə'raɪvəl]

chegar de comboio	to arrive by train	[tə ə'raɪv baɪ treɪn]
apanhar o comboio	to get on the train	[tə ˌget ɒn ðə 'treɪn]
sair do comboio	to get off the train	[tə ˌget ɒv ðə 'treɪn]

| acidente (m) ferroviário | train crash | [treɪn kræʃ] |
| descarrilar (vi) | to derail (vi) | [tə dɪ'reɪl] |

locomotiva (f) a vapor	steam locomotive	[sti:m ˌləʊkə'məʊtɪv]
fogueiro (m)	stoker, fireman	['stəʊkə], ['faɪəmən]
fornalha (f)	firebox	['faɪəbɒks]
carvão (m)	coal	[kəʊl]

26. Barco

| navio (m) | ship | [ʃɪp] |
| embarcação (f) | vessel | ['vesəl] |

vapor (m)	steamship	['sti:mʃɪp]
navio (m)	riverboat	['rɪvə‚bəʊt]
transatlântico (m)	cruise ship	[kru:z ʃɪp]
cruzador (m)	cruiser	['kru:zə(r)]
iate (m)	yacht	[jɒt]
rebocador (m)	tugboat	['tʌgbəʊt]
barcaça (f)	barge	[bɑ:dʒ]
ferry (m)	ferry	['ferɪ]
veleiro (m)	sailing ship	['seɪlɪŋ ʃɪp]
bergantim (m)	brigantine	['brɪgənti:n]
quebra-gelo (m)	ice breaker	['aɪs‚breɪkə(r)]
submarino (m)	submarine	[‚sʌbmə'ri:n]
bote, barco (m)	boat	[bəʊt]
bote, dingue (m)	dinghy	['dɪŋgɪ]
bote (m) salva-vidas	lifeboat	['laɪfbəʊt]
lancha (f)	motorboat	['məʊtəbəʊt]
capitão (m)	captain	['kæptɪn]
marinheiro (m)	seaman	['si:mən]
marujo (m)	sailor	['seɪlə(r)]
tripulação (f)	crew	[kru:]
contramestre (m)	boatswain	['bəʊsən]
grumete (m)	ship's boy	[ʃɪps bɔɪ]
cozinheiro (m) de bordo	cook	[kʊk]
médico (m) de bordo	ship's doctor	[ʃɪps 'dɒktə(r)]
convés (m)	deck	[dek]
mastro (m)	mast	[mɑ:st]
vela (f)	sail	[seɪl]
porão (m)	hold	[həʊld]
proa (f)	bow	['baʊ]
popa (f)	stern	[stɜ:n]
remo (m)	oar	[ɔ:(r)]
hélice (f)	propeller	[prə'pelə(r)]
camarote (m)	cabin	['kæbɪn]
sala (f) dos oficiais	wardroom	['wɔ:drʊm]
sala (f) das máquinas	engine room	['endʒɪn ‚ru:m]
ponte (m) de comando	bridge	[brɪdʒ]
sala (f) de comunicações	radio room	['reɪdɪəʊ rʊm]
onda (f) de rádio	wave	[weɪv]
diário (m) de bordo	logbook	['lɒgbʊk]
luneta (f)	spyglass	['spaɪglɑ:s]
sino (m)	bell	[bel]
bandeira (f)	flag	[flæg]
cabo (m)	hawser	['hɔ:zə(r)]
nó (m)	knot	[nɒt]
corrimão (m)	deckrails	['dekreɪlz]

prancha (f) de embarque	gangway	['gæŋweɪ]
âncora (f)	anchor	['æŋkə(r)]
recolher a âncora	to weigh anchor	[tə weɪ 'æŋkə(r)]
lançar a âncora	to drop anchor	[tə drɒp 'æŋkə(r)]
amarra (f)	anchor chain	['æŋkə ˌtʃeɪn]

porto (m)	port	[pɔ:t]
cais, amarradouro (m)	quay, wharf	[ki:], [wɔ:f]
atracar (vi)	to berth, to moor	[tə bɜ:θ], [tə mɔ:(r)]
desatracar (vi)	to cast off	[tə kɑ:st ɒf]

viagem (f)	trip	[trɪp]
cruzeiro (m)	cruise	[kru:z]
rumo (m), rota (f)	course	[kɔ:s]
itinerário (m)	route	[ru:t]

canal (m) navegável	fairway	['feəweɪ]
banco (m) de areia	shallows	['ʃæləʊz]
encalhar (vt)	to run aground	[tə rʌn ə'graʊnd]

tempestade (f)	storm	[stɔ:m]
sinal (m)	signal	['sɪgnəl]
afundar-se (vr)	to sink (vi)	[tə sɪŋk]
Homem ao mar!	Man overboard!	[ˌmæn 'əʊvəbɔ:d]
SOS	SOS	[ˌesəʊ'es]
boia (f) salva-vidas	ring buoy	[rɪŋ bɔɪ]

CIDADE

27. Transportes urbanos

autocarro (m)	bus, coach	[bʌs], [kəʊtʃ]
elétrico (m)	tram	[træm]
troleicarro (m)	trolleybus	['trɒlɪbʌs]
itinerário (m)	route	[ru:t]
número (m)	number	['nʌmbə(r)]
ir de ... (carro, etc.)	to go by ...	[tə gəʊ baɪ]
entrar (~ no autocarro)	to get on	[tə get ɒn]
descer de ...	to get off ...	[tə get ɒf]
paragem (f)	stop	[stɒp]
próxima paragem (f)	next stop	[ˌnekst 'stɒp]
ponto (m) final	terminus	['tɜ:mɪnəs]
horário (m)	timetable	['taɪmˌteɪbəl]
esperar (vt)	to wait (vt)	[tə weɪt]
bilhete (m)	ticket	['tɪkɪt]
custo (m) do bilhete	fare	[feə(r)]
bilheteiro (m)	cashier	[kæ'ʃɪə(r)]
controlo (m) dos bilhetes	ticket inspection	['tɪkɪt ɪn'spekʃən]
revisor (m)	ticket inspector	['tɪkɪt ɪn'spektə]
atrasar-se (vr)	to be late	[tə bi 'leɪt]
estar com pressa	to be in a hurry	[tə bi ɪn ə 'hʌrɪ]
táxi (m)	taxi, cab	['tæksɪ], [kæb]
taxista (m)	taxi driver	['tæksɪ 'draɪvə(r)]
de táxi (ir ~)	by taxi	[baɪ 'tæksɪ]
praça (f) de táxis	taxi rank	['tæksɪ ræŋk]
chamar um táxi	to call a taxi	[tə kɔ:l ə 'tæksɪ]
apanhar um táxi	to take a taxi	[tə ˌteɪk ə 'tæksɪ]
tráfego (m)	traffic	['træfɪk]
engarrafamento (m)	traffic jam	['træfɪk dʒæm]
horas (f pl) de ponta	rush hour	['rʌʃ ˌaʊə(r)]
estacionar (vi)	to park (vi)	[tə pɑ:k]
estacionar (vt)	to park (vt)	[tə pɑ:k]
parque (m) de estacionamento	car park	[kɑ: pɑ:k]
metro (m)	underground, tube	['ʌndəgraʊnd], [tju:b]
estação (f)	station	['steɪʃən]
ir de metro	to take the tube	[tə ˌteɪk ðə tju:b]
comboio (m)	train	[treɪn]
estação (f)	train station	[treɪn 'steɪʃən]

28. Cidade. Vida na cidade

cidade (f)	city, town	['sɪtɪ], [taʊn]
capital (f)	capital	['kæpɪtəl]
aldeia (f)	village	['vɪlɪdʒ]
mapa (m) da cidade	city map	['sɪtɪˌmæp]
centro (m) da cidade	city centre	['sɪtɪ ˌsentə(r)]
subúrbio (m)	suburb	['sʌbɜːb]
suburbano	suburban	[sə'bɜːbən]
periferia (f)	outskirts	['aʊtskɜːts]
arredores (m pl)	environs	[ɪn'vaɪərənz]
quarteirão (m)	city block	['sɪtɪ blɒk]
quarteirão (m) residencial	residential quarter	[ˌrezɪ'denʃəl 'kwɔːtə(r)]
tráfego (m)	traffic	['træfɪk]
semáforo (m)	traffic lights	['træfɪk laɪts]
transporte (m) público	public transport	['pʌblɪk 'trænspɔːt]
cruzamento (m)	crossroads	['krɒsrəʊdz]
passadeira (f)	zebra crossing	['zebrə ˌkrɒsɪŋ]
passagem (f) subterrânea	subway	['sʌbweɪ]
cruzar, atravessar (vt)	to cross (vt)	[tə krɒs]
peão (m)	pedestrian	[pɪ'destrɪən]
passeio (m)	pavement	['peɪvmənt]
ponte (f)	bridge	[brɪdʒ]
margem (f) do rio	embankment	[ɪm'bæŋkmənt]
alameda (f)	allée	[ale]
parque (m)	park	[pɑːk]
bulevar (m)	boulevard	['buːləvɑːd]
praça (f)	square	[skweə(r)]
avenida (f)	avenue	['ævənjuː]
rua (f)	street	[striːt]
travessa (f)	side street	[saɪd striːt]
beco (m) sem saída	dead end	[ˌded 'end]
casa (f)	house	[haʊs]
edifício, prédio (m)	building	['bɪldɪŋ]
arranha-céus (m)	skyscraper	['skaɪˌskreɪpə(r)]
fachada (f)	facade	[fə'sɑːd]
telhado (m)	roof	[ruːf]
janela (f)	window	['wɪndəʊ]
arco (m)	arch	[ɑːtʃ]
coluna (f)	column	['kɒləm]
esquina (f)	corner	['kɔːnə(r)]
montra (f)	shop window	[ʃɒp 'wɪndəʊ]
letreiro (m)	signboard	['saɪnbɔːd]
cartaz (m)	poster	['pəʊstə(r)]
cartaz (m) publicitário	advertising poster	['ædvətaɪzɪŋ 'pəʊstə(r)]
painel (m) publicitário	hoarding	['hɔːdɪŋ]

lixo (m)	rubbish	['rʌbɪʃ]
cesta (f) do lixo	rubbish bin	['rʌbɪʃ bɪn]
jogar lixo na rua	to litter (vi)	[tə 'lɪtə(r)]
aterro (m) sanitário	rubbish dump	['rʌbɪʃ dʌmp]

cabine (f) telefónica	phone box	['fəʊn ˌbɒks]
candeeiro (m) de rua	street light	['striːt laɪt]
banco (m)	bench	[bentʃ]

polícia (m)	police officer	[pə'liːs 'ɒfɪsə(r)]
polícia (instituição)	police	[pə'liːs]
mendigo (m)	beggar	['begə(r)]
sem-abrigo (m)	homeless	['həʊmlɪs]

29. Instituições urbanas

loja (f)	shop	[ʃɒp]
farmácia (f)	chemist	['kemɪst]
ótica (f)	optician	[ɒp'tɪʃən]
centro (m) comercial	shopping centre	['ʃɒpɪŋ 'sentə(r)]
supermercado (m)	supermarket	['suːpəˌmɑːkɪt]

padaria (f)	bakery	['beɪkərɪ]
padeiro (m)	baker	['beɪkə(r)]
pastelaria (f)	cake shop	[keɪk ʃɒp]
mercearia (f)	grocery shop	['grəʊsərɪ ʃɒp]
talho (m)	butcher shop	['bʊtʃəzʃɒp]

| loja (f) de legumes | greengrocer | ['griːnˌgrəʊsə] |
| mercado (m) | market | ['mɑːkɪt] |

café (m)	coffee bar	['kɒfɪ bɑː(r)]
restaurante (m)	restaurant	['restrɒnt]
bar (m), cervejaria (f)	pub, bar	[pʌb], [bɑː(r)]
pizzaria (f)	pizzeria	[ˌpiːtsə'rɪə]

salão (m) de cabeleireiro	hairdresser	['heəˌdresə(r)]
correios (m pl)	post office	[pəʊst 'ɒfɪs]
lavandaria (f)	dry cleaners	[ˌdraɪ 'kliːnəz]
estúdio (m) fotográfico	photo studio	['fəʊtəʊ 'stjuːdɪəʊ]

sapataria (f)	shoe shop	['ʃuː ʃɒp]
livraria (f)	bookshop	['bʊkʃɒp]
loja (f) de artigos de desporto	sports shop	['spɔːts ʃɒp]

reparação (f) de roupa	clothes repair shop	[kləʊðz rɪ'peə(r) ʃɒp]
aluguer (m) de roupa	formal wear hire	['fɔːməl weə 'haɪə(r)]
aluguer (m) de filmes	video rental shop	['vɪdɪəʊ 'rentəl stɔː]

circo (m)	circus	['sɜːkəs]
jardim (m) zoológico	zoo	[zuː]
cinema (m)	cinema	['sɪnəmə]
museu (m)	museum	[mjuː'ziːəm]
biblioteca (f)	library	['laɪbrərɪ]

teatro (m)	theatre	['θɪətə(r)]
ópera (f)	opera	['ɒpərə]
clube (m) noturno	nightclub	[naɪt klʌb]
casino (m)	casino	[kə'si:nəʊ]
mesquita (f)	mosque	[mɒsk]
sinagoga (f)	synagogue	['sɪnəgɒg]
catedral (f)	cathedral	[kə'θi:drəl]
templo (m)	temple	['tempəl]
igreja (f)	church	[ʧɜ:ʧ]
instituto (m)	college	['kɒlɪʤ]
universidade (f)	university	[ˌju:nɪ'vɜ:sətɪ]
escola (f)	school	[sku:l]
prefeitura (f)	prefecture	['pri:fekˌtjʊə(r)]
câmara (f) municipal	city hall	['sɪtɪ ˌhɔ:l]
hotel (m)	hotel	[həʊ'tel]
banco (m)	bank	[bæŋk]
embaixada (f)	embassy	['embəsɪ]
agência (f) de viagens	travel agency	['trævəl 'eɪʤənsɪ]
agência (f) de informações	information office	[ˌɪnfə'meɪʃən 'ɒfɪs]
casa (f) de câmbio	currency exchange	['kʌrənsɪ ɪks'ʧeɪnʤ]
metro (m)	underground, tube	['ʌndəgraʊnd], [tju:b]
hospital (m)	hospital	['hɒspɪtəl]
posto (m) de gasolina	petrol station	['petrəl 'steɪʃən]
parque (m) de estacionamento	car park	[ka: pa:k]

30. Sinais

letreiro (m)	signboard	['saɪnbɔ:d]
inscrição (f)	notice	['nəʊtɪs]
cartaz, póster (m)	poster	['pəʊstə(r)]
sinal (m) informativo	direction sign	[dɪ'rekʃən saɪn]
seta (f)	arrow	['ærəʊ]
aviso (advertência)	caution	['kɔ:ʃən]
sinal (m) de aviso	warning sign	['wɔ:nɪŋ saɪn]
avisar, advertir (vt)	to warn (vt)	[tə wɔ:n]
dia (m) de folga	rest day	[rest deɪ]
horário (m)	timetable	['taɪmˌteɪbəl]
horário (m) de funcionamento	opening hours	['əʊpənɪŋ ˌaʊəz]
BEM-VINDOS!	WELCOME!	['welkəm]
ENTRADA	ENTRANCE	['entrəns]
SAÍDA	WAY OUT	[ˌweɪ'aʊt]
EMPURRE	PUSH	[pʊʃ]
PUXE	PULL	[pʊl]
ABERTO	OPEN	['əʊpən]

FECHADO	CLOSED	[kləʊzd]
MULHER	WOMEN	['wɪmɪn]
HOMEM	MEN	['men]

DESCONTOS	DISCOUNTS	['dɪskaʊnts]
SALDOS	SALE	[seɪl]
NOVIDADE!	NEW!	[nju:]
GRÁTIS	FREE	[fri:]

ATENÇÃO!	ATTENTION!	[ə'tenʃən]
NÃO HÁ VAGAS	NO VACANCIES	[nəʊ 'veɪkənsɪz]
RESERVADO	RESERVED	[rɪ'zɜ:vd]

| ADMINISTRAÇÃO | ADMINISTRATION | [ədˌmɪnɪ'streɪʃən] |
| SOMENTE PESSOAL AUTORIZADO | STAFF ONLY | [stɑ:f 'əʊnlɪ] |

CUIDADO CÃO FEROZ	BEWARE OF THE DOG!	[bɪ'weə əv ðə ˌdɒg]
PROIBIDO FUMAR!	NO SMOKING	[nəʊ 'sməʊkɪŋ]
NÃO TOCAR	DO NOT TOUCH!	[ˌdəʊnt 'tʌtʃ]

PERIGOSO	DANGEROUS	['deɪndʒərəs]
PERIGO	DANGER	['deɪndʒə(r)]
ALTA TENSÃO	HIGH VOLTAGE	[haɪ 'vəʊltɪdʒ]
PROIBIDO NADAR	NO SWIMMING!	[nəʊ 'swɪmɪŋ]
AVARIADO	OUT OF ORDER	[ˌaʊt əv 'ɔ:də(r)]

INFLAMÁVEL	FLAMMABLE	['flæməbəl]
PROIBIDO	FORBIDDEN	[fə'bɪdən]
ENTRADA PROIBIDA	NO TRESPASSING!	[nəʊ 'trespəsɪŋ]
CUIDADO TINTA FRESCA	WET PAINT	[wet peɪnt]

31. Compras

comprar (vt)	to buy (vt)	[tə baɪ]
compra (f)	shopping	['ʃɒpɪŋ]
fazer compras	to go shopping	[tə gəʊ 'ʃɒpɪŋ]
compras (f pl)	shopping	['ʃɒpɪŋ]

| estar aberta (loja, etc.) | to be open | [tə bi 'əʊpən] |
| estar fechada | to be closed | [tə bi kləʊzd] |

calçado (m)	footwear, shoes	['fʊtweə(r)], [ʃu:z]
roupa (f)	clothes, clothing	[kləʊðz], ['kləʊðɪŋ]
cosméticos (m pl)	cosmetics	[kɒz'metɪks]
alimentos (m pl)	food products	[fu:d 'prɒdʌkts]
presente (m)	gift, present	[gɪft], ['prezənt]

| vendedor (m) | shop assistant | [ʃɒp ə'sɪstənt] |
| vendedora (f) | shop assistant | [ʃɒp ə'sɪstənt] |

caixa (f)	cash desk	[kæʃ desk]
espelho (m)	mirror	['mɪrə(r)]
balcão (m)	counter	['kaʊntə(r)]

cabine (f) de provas	**fitting room**	['fɪtɪŋ ˌrum]
provar (vt)	**to try on** (vt)	[tə ˌtraɪ 'ɒn]
servir (vi)	**to fit** (vt)	[tə fɪt]
gostar (apreciar)	**to fancy** (vt)	[tə 'fænsɪ]
preço (m)	**price**	[praɪs]
etiqueta (f) de preço	**price tag**	['praɪs tæg]
custar (vt)	**to cost** (vt)	[tə kɒst]
Quanto?	**How much?**	[ˌhaʊ 'mʌtʃ]
desconto (m)	**discount**	['dɪskaʊnt]
não caro	**inexpensive**	[ˌɪnɪk'spensɪv]
barato	**cheap**	[tʃi:p]
caro	**expensive**	[ɪk'spensɪv]
É caro	**It's expensive**	[ɪts ɪk'spensɪv]
aluguer (m)	**hire**	['haɪə(r)]
alugar (vestidos, etc.)	**to hire** (vt)	[tə 'haɪə(r)]
crédito (m)	**credit**	['kredɪt]
a crédito	**on credit**	[ɒn 'kredɪt]

VESTUÁRIO & ACESSÓRIOS

32. Roupa exterior. Casacos

roupa (f)	clothes	[kləʊðz]
roupa (f) exterior	outerwear	['aʊtəweə(r)]
roupa (f) de inverno	winter clothing	['wɪntə 'kləʊðɪŋ]
sobretudo (m)	coat, overcoat	[kəʊt], ['əʊvəkəʊt]
casaco (m) de peles	fur coat	['fɜ:ˌkəʊt]
casaco curto (m) de peles	fur jacket	['fɜ: 'dʒækɪt]
casaco (m) acolchoado	down coat	['daʊn ˌkəʊt]
casaco, blusão (m)	jacket	['dʒækɪt]
impermeável (m)	raincoat	['reɪnkəʊt]
impermeável	waterproof	['wɔ:təpru:f]

33. Vestuário de homem & mulher

camisa (f)	shirt	[ʃɜ:t]
calças (f pl)	trousers	['traʊzəz]
calças (f pl) de ganga	jeans	[dʒi:nz]
casaco (m) de fato	jacket	['dʒækɪt]
fato (m)	suit	[su:t]
vestido (ex. ~ vermelho)	dress	[dres]
saia (f)	skirt	[skɜ:t]
blusa (f)	blouse	[blaʊz]
casaco (m) de malha	knitted jacket	['nɪtɪd 'dʒækɪt]
casaco, blazer (m)	jacket	['dʒækɪt]
T-shirt, camiseta (f)	T-shirt	['ti:ʃɜ:t]
calções (Bermudas, etc.)	shorts	[ʃɔ:ts]
fato (m) de treino	tracksuit	['træksu:t]
roupão (m) de banho	bathrobe	['bɑ:θrəʊb]
pijama (m)	pyjamas	[pə'dʒɑ:məz]
suéter (m)	sweater, jumper	['swetə(r)], ['dʒʌmpə(r)]
pulôver (m)	pullover	['pʊlˌəʊvə(r)]
colete (m)	waistcoat	['weɪskəʊt]
fraque (m)	tailcoat	[ˌteɪl'kəʊt]
smoking (m)	dinner suit	['dɪnə su:t]
uniforme (m)	uniform	['junɪfɔ:m]
roupa (f) de trabalho	workwear	[wɜ:kweə(r)]
fato-macaco (m)	boiler suit	['bɔɪlə su:t]
bata (~ branca, etc.)	coat	[kəʊt]

34. Vestuário. Roupa interior

roupa (f) interior	underwear	['ʌndəweə(r)]
camisola (f) interior	vest	[vest]
peúgas (f pl)	socks	[spks]
camisa (f) de noite	nightdress	['naɪtdres]
sutiã (m)	bra	[brɑ:]
meias longas (f pl)	knee highs	['ni: ˌhaɪs]
meia-calça (f)	tights	[taɪts]
meias (f pl)	stockings	['stɒkɪŋz]
fato (m) de banho	swimsuit, bikini	['swɪmsu:t], [bɪ'ki:nɪ]

35. Adereços de cabeça

chapéu (m)	hat	[hæt]
chapéu (m) de feltro	trilby hat	['trɪlbɪ hæt]
boné (m) de beisebol	baseball cap	['beɪsbɔ:l kæp]
boné (m)	flatcap	[flæt kæp]
boina (f)	beret	['bereɪ]
capuz (m)	hood	[hʊd]
panamá (m)	panama	['pænəmɑ:]
gorro (m) de malha	knit cap, knitted hat	[nɪt kæp], ['nɪtɪdˌhæt]
lenço (m)	headscarf	['hedskɑ:f]
chapéu (m) de mulher	women's hat	['wɪmɪns hæt]
capacete (m) de proteção	hard hat	[hɑ:d hæt]
bibico (m)	forage cap	['fɒrɪdʒ kæp]
capacete (m)	helmet	['helmɪt]
chapéu-coco (m)	bowler	['bəʊlə(r)]
chapéu (m) alto	top hat	[tɒp hæt]

36. Calçado

calçado (m)	footwear	['fʊtweə(r)]
botinas (f pl)	shoes	[ʃu:z]
sapatos (de salto alto, etc.)	shoes	[ʃu:z]
botas (f pl)	boots	[bu:ts]
pantufas (f pl)	slippers	['slɪpəz]
ténis (m pl)	trainers	['treɪnəz]
sapatilhas (f pl)	trainers	['treɪnəz]
sandálias (f pl)	sandals	['sændəlz]
sapateiro (m)	cobbler, shoe repairer	['kɒblə(r)], [ʃu: rɪ'peərə(r)]
salto (m)	heel	[hi:l]
par (m)	pair	[peə(r)]
atacador (m)	shoelace	['ʃu:leɪs]

apertar os atacadores	to lace up (vt)	[tə leɪs ʌp]
calçadeira (f)	shoehorn	[ˈʃuːhɔːn]
graxa (f) para calçado	shoe polish	[ʃuː ˈpɒlɪʃ]

37. Acessórios pessoais

luvas (f pl)	gloves	[glʌvz]
mitenes (f pl)	mittens	[ˈmɪtənz]
cachecol (m)	scarf	[skɑːf]

óculos (m pl)	glasses	[glɑːsɪz]
armação (f) de óculos	frame	[freɪm]
guarda-chuva (m)	umbrella	[ʌmˈbrelə]
bengala (f)	walking stick	[ˈwɔːkɪŋ stɪk]
escova (f) para o cabelo	hairbrush	[ˈheəbrʌʃ]
leque (m)	fan	[fæn]

gravata (f)	tie	[taɪ]
gravata-borboleta (f)	bow tie	[bəʊ taɪ]
suspensórios (m pl)	braces	[ˈbreɪsɪz]
lenço (m)	handkerchief	[ˈhæŋkətʃɪf]

pente (m)	comb	[kəʊm]
travessão (m)	hair slide	[ˈheəˌslaɪd]
gancho (m) de cabelo	hairpin	[ˈheəpɪn]
fivela (f)	buckle	[ˈbʌkəl]

| cinto (m) | belt | [belt] |
| correia (f) | shoulder strap | [ˈʃəʊldə stræp] |

mala (f)	bag	[bæg]
mala (f) de senhora	handbag	[ˈhændbæg]
mochila (f)	rucksack	[ˈrʌksæk]

38. Vestuário. Diversos

moda (f)	fashion	[ˈfæʃən]
na moda	in vogue	[ɪn vəʊg]
estilista (m)	fashion designer	[ˈfæʃən dɪˈzaɪnə(r)]

colarinho (m), gola (f)	collar	[ˈkɒlə(r)]
bolso (m)	pocket	[ˈpɒkɪt]
de bolso	pocket	[ˈpɒkɪt]
manga (f)	sleeve	[sliːv]
alcinha (f)	hanging loop	[ˈhæŋɪŋ luːp]
braguilha (f)	flies	[flaɪz]

fecho (m) de correr	zip	[zɪp]
fecho (m), colchete (m)	fastener	[ˈfɑːsənə(r)]
botão (m)	button	[ˈbʌtən]
casa (f) de botão	buttonhole	[ˈbʌtənhəʊl]
soltar-se (vr)	to come off	[tə kʌm ɒf]

coser, costurar (vi)	to sew (vi, vt)	[tə səʊ]
bordar (vt)	to embroider (vi, vt)	[tə ɪm'brɔɪdə(r)]
bordado (m)	embroidery	[ɪm'brɔɪdərɪ]
agulha (f)	sewing needle	['ni:dəl]
fio (m)	thread	[θred]
costura (f)	seam	[si:m]
sujar-se (vr)	to get dirty (vi)	[tə get 'dɜ:tɪ]
mancha (f)	stain	[steɪn]
engelhar-se (vr)	to crease, crumple (vi)	[tə kri:s], ['krʌmpəl]
rasgar (vt)	to tear, to rip (vt)	[tə teər], [tə rɪp]
traça (f)	clothes moth	[kləʊðz mɒθ]

39. Cuidados pessoais. Cosméticos

pasta (f) de dentes	toothpaste	['tu:θpeɪst]
escova (f) de dentes	toothbrush	['tu:θbrʌʃ]
escovar os dentes	to clean one's teeth	[tə kli:n wʌns 'ti:θ]
máquina (f) de barbear	razor	['reɪzə(r)]
creme (m) de barbear	shaving cream	['ʃeɪvɪŋ ˌkri:m]
barbear-se (vr)	to shave (vi)	[tə ʃeɪv]
sabonete (m)	soap	[səʊp]
champô (m)	shampoo	[ʃæm'pu:]
tesoura (f)	scissors	['sɪzəz]
lima (f) de unhas	nail file	['neɪl ˌfaɪl]
corta-unhas (m)	nail clippers	[neɪl 'klɪpərz]
pinça (f)	tweezers	['twi:zəz]
cosméticos (m pl)	cosmetics	[kɒz'metɪks]
máscara (f) facial	face mask	[feɪs mɑ:sk]
manicura (f)	manicure	['mænɪˌkjʊə(r)]
fazer a manicura	to have a manicure	[tə hævə 'mænɪˌkjʊə]
pedicure (f)	pedicure	['pedɪˌkjʊə(r)]
mala (f) de maquilhagem	make-up bag	['meɪk ʌp ˌbæg]
pó (m)	face powder	[feɪs 'paʊdə(r)]
caixa (f) de pó	powder compact	['paʊdə 'kɒmpækt]
blush (m)	blusher	['blʌʃə(r)]
perfume (m)	perfume	['pɜ:fju:m]
água (f) de toilette	toilet water	['tɔɪlɪt 'wɔ:tə(r)]
loção (f)	lotion	['ləʊʃən]
água-de-colónia (f)	cologne	[kə'ləʊn]
sombra (f) de olhos	eyeshadow	['aɪʃædəʊ]
lápis (m) delineador	eyeliner	['aɪˌlaɪnə(r)]
máscara (f), rímel (m)	mascara	[mæs'kɑ:rə]
batom (m)	lipstick	['lɪpstɪk]
verniz (m) de unhas	nail polish	['neɪl ˌpɒlɪʃ]
laca (f) para cabelos	hair spray	['heəspreɪ]

desodorizante (m)	deodorant	[di:'əʊdərənt]
creme (m)	cream	[kri:m]
creme (m) de rosto	face cream	['feɪs ˌkri:m]
creme (m) de mãos	hand cream	['hænd ˌkri:m]
creme (m) antirrugas	anti-wrinkle cream	['æntɪ 'rɪŋkəl kri:m]
creme (m) de dia	day cream	['deɪ ˌkri:m]
creme (m) de noite	night cream	['naɪt ˌkri:m]
tampão (m)	tampon	['tæmpɒn]
papel (m) higiénico	toilet paper	['tɔɪlɪt 'peɪpə(r)]
secador (m) elétrico	hair dryer	['heəˌdraɪə(r)]

40. Relógios de pulso. Relógios

relógio (m) de pulso	watch	[wɒtʃ]
mostrador (m)	dial	['daɪəl]
ponteiro (m)	hand	[hænd]
bracelete (f) em aço	bracelet	['breɪslɪt]
bracelete (f) em couro	watch strap	[wɒtʃ stræp]
pilha (f)	battery	['bætərɪ]
descarregar-se	to be flat	[tə bi flæt]
trocar a pilha	to change a battery	[tə tʃeɪndʒ ə 'bætərɪ]
estar adiantado	to run fast	[tə rʌn fɑ:st]
estar atrasado	to run slow	[tə rʌn sləʊ]
relógio (m) de parede	wall clock	['wɔ:l ˌklɒk]
ampulheta (f)	hourglass	['aʊəglɑ:s]
relógio (m) de sol	sundial	['sʌndaɪəl]
despertador (m)	alarm clock	[ə'lɑ:m klɒk]
relojoeiro (m)	watchmaker	['wɒtʃˌmeɪkə(r)]
reparar (vt)	to repair (vt)	[tə rɪ'peə(r)]

EXPERIÊNCIA DO QUOTIDIANO

41. Dinheiro

dinheiro (m)	money	['mʌni]
câmbio (m)	currency exchange	['kʌrənsɪ ɪks'ʧeɪndʒ]
taxa (f) de câmbio	exchange rate	[ɪks'ʧeɪndʒ reɪt]
Caixa Multibanco (m)	cashpoint	['kæʃpɔɪnt]
moeda (f)	coin	[kɔɪn]

dólar (m)	dollar	['dɒlə(r)]
euro (m)	euro	['juərəʊ]

lira (f)	lira	['lɪərə]
marco (m)	Deutschmark	['dɔɪʧmɑːk]
franco (m)	franc	[fræŋk]
libra (f) esterlina	pound sterling	[paʊnd 'stɜːlɪŋ]
iene (m)	yen	[jen]

dívida (f)	debt	[det]
devedor (m)	debtor	['detə(r)]
emprestar (vt)	to lend (vt)	[tə lend]
pedir emprestado	to borrow (vt)	[tə 'bɒrəʊ]

banco (m)	bank	[bæŋk]
conta (f)	account	[ə'kaʊnt]
depositar (vt)	to deposit (vt)	[tə dɪ'pɒzɪt]

cartão (m) de crédito	credit card	['kredɪt kɑːd]
dinheiro (m) vivo	cash	[kæʃ]
cheque (m)	cheque	[ʧek]
passar um cheque	to write a cheque	[tə ˌraɪt ə 'ʧek]
livro (m) de cheques	chequebook	['ʧekˌbʊk]

carteira (f)	wallet	['wɒlɪt]
porta-moedas (m)	purse	[pɜːs]
cofre (m)	safe	[seɪf]

herdeiro (m)	heir	[eə(r)]
herança (f)	inheritance	[ɪn'herɪtəns]
fortuna (riqueza)	fortune	['fɔːʧuːn]

arrendamento (m)	lease	[liːs]
renda (f) de casa	rent	[rent]
alugar (vt)	to rent (vt)	[tə rent]

preço (m)	price	[praɪs]
custo (m)	cost	[kɒst]
soma (f)	sum	[sʌm]
gastos (m pl)	expenses	[ɪk'spensɪz]

| economizar (vi) | to economize (vi, vt) | [tə ɪˈkɒnəmaɪz] |
| económico | economical | [ˌiːkəˈnɒmɪkəl] |

pagar (vt)	to pay (vi, vt)	[tə peɪ]
pagamento (m)	payment	[ˈpeɪmənt]
troco (m)	change	[ʧeɪndʒ]

imposto (m)	tax	[tæks]
multa (f)	fine	[faɪn]
multar (vt)	to fine (vt)	[tə faɪn]

42. Correios. Serviço postal

correios (m pl)	post office	[pəʊst ˈɒfɪs]
correio (m)	post	[pəʊst]
carteiro (m)	postman	[ˈpəʊstmən]
horário (m)	opening hours	[ˈəʊpənɪŋ ˌaʊəz]

carta (f)	letter	[ˈletə(r)]
carta (f) registada	registered letter	[ˈredʒɪstəd ˈletə(r)]
postal (m)	postcard	[ˈpəʊstkɑːd]
telegrama (m)	telegram	[ˈtelɪgræm]
encomenda (f) postal	parcel	[ˈpɑːsəl]
remessa (f) de dinheiro	money transfer	[ˈmʌnɪ trænsˈfɜː(r)]

receber (vt)	to receive (vt)	[tə rɪˈsiːv]
enviar (vt)	to send (vt)	[tə send]
envio (m)	sending	[ˈsendɪŋ]

endereço (m)	address	[əˈdres]
código (m) postal	postcode	[ˈpəʊstkəʊd]
remetente (m)	sender	[ˈsendə(r)]
destinatário (m)	receiver	[rɪˈsiːvə(r)]

| nome (m) | first name | [fɜːst neɪm] |
| apelido (m) | surname, last name | [ˈsɜːneɪm], [lɑːst neɪm] |

tarifa (f)	rate	[reɪt]
ordinário	standard	[ˈstændəd]
económico	economical	[ˌiːkəˈnɒmɪkəl]

peso (m)	weight	[weɪt]
pesar (estabelecer o peso)	to weigh (vt)	[tə weɪ]
envelope (m)	envelope	[ˈenvələʊp]
selo (m)	postage stamp	[ˈpəʊstɪdʒ ˌstæmp]
colar o selo	to stamp an envelope	[tə stæmp ən ˈenvələʊp]

43. Banca

banco (m)	bank	[bæŋk]
sucursal, balcão (f)	branch	[brɑːnʧ]
consultor (m)	consultant	[kənˈsʌltənt]

gerente (m)	manager	['mænɪdʒə(r)]
conta (f)	bank account	[bæŋk ə'kaʊnt]
número (m) da conta	account number	[ə'kaʊnt 'nʌmbə(r)]
conta (f) corrente	current account	['kʌrənt ə'kaʊnt]
conta (f) poupança	deposit account	[dɪ'pɒzɪt ə'kaʊnt]

| abrir uma conta | to open an account | [tu 'əʊpən ən ə'kaʊnt] |
| fechar uma conta | to close the account | [tə kləʊz ðɪ ə'kaʊnt] |

depósito (m)	deposit	[dɪ'pɒzɪt]
fazer um depósito	to make a deposit	[tə meɪk ə dɪ'pɒzɪt]
transferência (f) bancária	wire transfer	['waɪə 'trænsfɜː(r)]
transferir (vt)	to wire, to transfer	[tə 'waɪə], [tə træns'fɜː]

| soma (f) | sum | [sʌm] |
| Quanto? | How much? | [ˌhaʊ 'mʌtʃ] |

| assinatura (f) | signature | ['sɪɡnətʃə(r)] |
| assinar (vt) | to sign (vt) | [tə saɪn] |

cartão (m) de crédito	credit card	['kredɪt kɑːd]
código (m)	code	[kəʊd]
número (m) do cartão de crédito	credit card number	['kredɪt kɑːd 'nʌmbə(r)]
Caixa Multibanco (m)	cashpoint	['kæʃpɔɪnt]

cheque (m)	cheque	[tʃek]
passar um cheque	to write a cheque	[tə ˌraɪt ə 'tʃek]
livro (m) de cheques	chequebook	['tʃekˌbʊk]

empréstimo (m)	loan	[ləʊn]
pedir um empréstimo	to apply for a loan	[tə ə'plaɪ fɔːrə ləʊn]
obter um empréstimo	to get a loan	[tə get ə ləʊn]
conceder um empréstimo	to give a loan	[tə gɪv ə ləʊn]
garantia (f)	guarantee	[ˌgærən'tiː]

44. Telefone. Conversação telefónica

telefone (m)	telephone	['telɪfəʊn]
telemóvel (m)	mobile phone	['məʊbaɪl fəʊn]
secretária (f) electrónica	answerphone	['ænsəfəʊn]

| fazer uma chamada | to ring (vi, vt) | [tə rɪŋ] |
| chamada (f) | call, ring | [kɔːl], [rɪŋ] |

marcar um número	to dial a number	[tə 'daɪəl ə 'nʌmbə(r)]
Alô!	Hello!	[hə'ləʊ]
perguntar (vt)	to ask (vt)	[tə ɑːsk]
responder (vt)	to answer (vi, vt)	[tə 'ɑːnsə(r)]

ouvir (vt)	to hear (vt)	[tə hɪə(r)]
bem	well	[wel]
mal	not well	[nɒt wel]
ruído (m)	noises	[nɔɪzɪz]

auscultador (m)	receiver	[rɪˈsiːvə(r)]
pegar o telefone	to pick up the phone	[tə pɪk ʌp ðə fəʊn]
desligar (vi)	to hang up	[tə hæŋg ʌp]
ocupado	busy	[ˈbɪzɪ]
tocar (vi)	to ring (vi)	[tə rɪŋ]
lista (f) telefónica	telephone book	[ˈtelɪfəʊn bʊk]
local	local	[ˈləʊkəl]
chamada (f) local	local call	[ˈləʊkəl kɔːl]
de longa distância	trunk	[trʌŋk]
chamada (f) de longa distância	trunk call	[trʌŋk kɔːl]
internacional	international	[ˌɪntəˈnæʃənəl]
chamada (f) internacional	international call	[ˌɪntəˈnæʃənəl kɔːl]

45. Telefone móvel

telemóvel (m)	mobile phone	[ˈməʊbaɪl fəʊn]
ecrã (m)	display	[dɪˈspleɪ]
botão (m)	button	[ˈbʌtən]
cartão SIM (m)	SIM card	[sɪm kɑːd]
bateria (f)	battery	[ˈbætərɪ]
descarregar-se	to be flat	[tə bi flæt]
carregador (m)	charger	[ˈtʃɑːdʒə(r)]
menu (m)	menu	[ˈmenjuː]
definições (f pl)	settings	[ˈsetɪŋz]
melodia (f)	tune	[tjuːn]
escolher (vt)	to select (vt)	[tə sɪˈlekt]
calculadora (f)	calculator	[ˈkælkjʊleɪtə(r)]
correio (m) de voz	voice mail	[vɔɪs meɪl]
despertador (m)	alarm clock	[əˈlɑːm klɒk]
contatos (m pl)	contacts	[ˈkɒntækts]
mensagem (f) de texto	SMS	[ˌesemˈes]
assinante (m)	subscriber	[səbˈskraɪbə(r)]

46. Estacionário

caneta (f)	ballpoint pen	[ˈbɔːlpɔɪnt pen]
caneta (f) tinteiro	fountain pen	[ˈfaʊntɪn pen]
lápis (m)	pencil	[ˈpensəl]
marcador (m)	highlighter	[ˈhaɪlaɪtə(r)]
caneta (f) de feltro	felt-tip pen	[felt tɪp pen]
bloco (m) de notas	notepad	[ˈnəʊtpæd]
agenda (f)	diary	[ˈdaɪərɪ]
régua (f)	ruler	[ˈruːlə(r)]

calculadora (f)	calculator	['kælkjʊleɪtə(r)]
borracha (f)	rubber	['rʌbə(r)]
pionés (m)	drawing pin	['drɔːɪŋ pɪn]
clipe (m)	paper clip	['peɪpə klɪp]

cola (f)	glue	[gluː]
agrafador (m)	stapler	['steɪplə(r)]
furador (m)	hole punch	[həʊl pʌntʃ]
afia-lápis (m)	pencil sharpener	['pensəl 'ʃɑːpənə(r)]

47. Línguas estrangeiras

língua (f)	language	['læŋgwɪdʒ]
estrangeiro	foreign	['fɒrən]
estudar (vt)	to study (vt)	[tə 'stʌdɪ]
aprender (vt)	to learn (vt)	[tə lɜːn]

ler (vt)	to read (vi, vt)	[tə riːd]
falar (vi)	to speak (vi, vt)	[tə spiːk]
compreender (vt)	to understand (vt)	[tə ˌʌndə'stænd]
escrever (vt)	to write (vt)	[tə raɪt]

rapidamente	quickly, fast	['kwɪklɪ], [fɑːst]
devagar	slowly	['sləʊlɪ]
fluentemente	fluently	['fluːəntlɪ]

regras (f pl)	rules	[ruːlz]
gramática (f)	grammar	['græmə(r)]
vocabulário (m)	vocabulary	[və'kæbjʊlərɪ]
fonética (f)	phonetics	[fə'netɪks]

manual (m) escolar	textbook	['tekstbʊk]
dicionário (m)	dictionary	['dɪkʃənərɪ]
manual (m) de autoaprendizagem	teach-yourself book	[tiːtʃ jɔː'self bʊk]
guia (m) de conversação	phrasebook	['freɪzbʊk]

cassete (f)	cassette, tape	[kæ'set], [teɪp]
vídeo cassete (m)	videotape	['vɪdɪəʊteɪp]
CD (m)	CD, compact disc	[ˌsiː'diː], [kəm'pækt dɪsk]
DVD (m)	DVD	[ˌdiːviː'diː]

alfabeto (m)	alphabet	['ælfəbet]
soletrar (vt)	to spell (vt)	[tə spel]
pronúncia (f)	pronunciation	[prəˌnʌnsɪ'eɪʃən]

sotaque (m)	accent	['æksent]
com sotaque	with an accent	[wɪð ən 'æksent]
sem sotaque	without an accent	[wɪ'ðaʊt ən 'æksent]

palavra (f)	word	[wɜːd]
sentido (m)	meaning	['miːnɪŋ]
cursos (m pl)	course	[kɔːs]
inscrever-se (vr)	to sign up (vi)	[tə saɪn ʌp]

professor (m)	**teacher**	['tiːtʃə(r)]
tradução (texto)	**translation**	[trænsˈleɪʃən]
tradutor (m)	**translator**	[trænsˈleɪtə(r)]
intérprete (m)	**interpreter**	[ɪnˈtɜːprɪtə(r)]

| poliglota (m) | **polyglot** | [ˈpɒlɪɡlɒt] |
| memória (f) | **memory** | [ˈmemərɪ] |

REFEIÇÕES. RESTAURANTE

48. Por a mesa

colher (f)	spoon	[spu:n]
faca (f)	knife	[naɪf]
garfo (m)	fork	[fɔ:k]
chávena (f)	cup	[kʌp]
prato (m)	plate	[pleɪt]
pires (m)	saucer	['sɔ:sə(r)]
guardanapo (m)	serviette	[ˌsɜ:vɪ'et]
palito (m)	toothpick	['tu:θpɪk]

49. Restaurante

restaurante (m)	restaurant	['restrɒnt]
café (m)	coffee bar	['kɒfɪ bɑ:(r)]
bar (m), cervejaria (f)	pub	[pʌb]
salão (m) de chá	tearoom	['ti:rʊm]
empregado (m) de mesa	waiter	['weɪtə(r)]
empregada (f) de mesa	waitress	['weɪtrɪs]
barman (m)	barman	['bɑ:mən]
ementa (f)	menu	['menju:]
lista (f) de vinhos	wine list	['waɪn lɪst]
reservar uma mesa	to book a table	[tə bʊk ə 'teɪbəl]
prato (m)	course, dish	[kɔ:s], [dɪʃ]
pedir (vt)	to order (vi, vt)	[tə 'ɔ:də(r)]
fazer o pedido	to make an order	[tə meɪk ən 'ɔ:də(r)]
aperitivo (m)	aperitif	[əpərə'ti:f]
entrada (f)	starter	['stɑ:tə(r)]
sobremesa (f)	dessert, pudding	[dɪ'zɜ:t], ['pʊdɪŋ]
conta (f)	bill	[bɪl]
pagar a conta	to pay the bill	[tə peɪ ðə bɪl]
dar o troco	to give change	[tə gɪv 'ʧeɪndʒ]
gorjeta (f)	tip	[tɪp]

50. Refeições

comida (f)	food	[fu:d]
comer (vt)	to eat (vi, vt)	[tə i:t]

pequeno-almoço (m)	breakfast	['brekfəst]
tomar o pequeno-almoço	to have breakfast	[tə hæv 'brekfəst]
almoço (m)	lunch	[lʌntʃ]
almoçar (vi)	to have lunch	[tə hæv lʌntʃ]
jantar (m)	dinner	['dɪnə(r)]
jantar (vi)	to have dinner	[tə hæv 'dɪnə(r)]
apetite (m)	appetite	['æpɪtaɪt]
Bom apetite!	Enjoy your meal!	[ɪn'dʒɔɪ jɔ: ˌmi:l]
abrir (~ uma lata, etc.)	to open (vt)	[tə 'əʊpən]
derramar (vt)	to spill (vt)	[tə spɪl]
derramar-se (vr)	to spill out (vi)	[tə spɪl aʊt]
ferver (vi)	to boil (vi)	[tə bɔɪl]
ferver (vt)	to boil (vt)	[tə bɔɪl]
fervido	boiled	['bɔɪld]
arrefecer (vt)	to chill, cool down (vt)	[tə tʃɪl], [ku:l daʊn]
arrefecer-se (vr)	to chill (vi)	[tə tʃɪl]
sabor, gosto (m)	taste, flavour	[teɪst], ['fleɪvə(r)]
gostinho (m)	aftertaste	['ɑ:ftəteɪst]
fazer dieta	to slim down	[tə slɪm daʊn]
dieta (f)	diet	['daɪət]
vitamina (f)	vitamin	['vɪtəmɪn]
caloria (f)	calorie	['kælərɪ]
vegetariano (m)	vegetarian	[ˌvedʒɪ'teərɪən]
vegetariano	vegetarian	[ˌvedʒɪ'teərɪən]
gorduras (f pl)	fats	[fæts]
proteínas (f pl)	proteins	['prəʊti:nz]
carboidratos (m pl)	carbohydrates	[ˌkɑ:bəʊ'haɪdreɪts]
fatia (~ de limão, etc.)	slice	[slaɪs]
pedaço (~ de bolo)	piece	[pi:s]
migalha (f)	crumb	[krʌm]

51. Pratos cozinhados

prato (m)	course, dish	[kɔ:s], [dɪʃ]
cozinha (~ portuguesa)	cuisine	[kwɪ'zi:n]
receita (f)	recipe	['resɪpɪ]
porção (f)	portion	['pɔ:ʃən]
salada (f)	salad	['sæləd]
sopa (f)	soup	[su:p]
caldo (m)	clear soup	[ˌklɪə 'su:p]
sandes (f)	sandwich	['sænwɪdʒ]
ovos (m pl) estrelados	fried eggs	['fraɪd ˌegz]
hambúrguer (m)	hamburger	['hæmbɜ:gə(r)]
bife (m)	steak	[steɪk]
conduto (m)	side dish	[saɪd dɪʃ]

espaguete (m)	spaghetti	[spə'getɪ]
puré (m) de batata	mash	[mæʃ]
pizza (f)	pizza	['pi:tsə]
papa (f)	porridge	['pɒrɪʤ]
omelete (f)	omelette	['ɒmlɪt]

cozido em água	boiled	['bɔɪld]
fumado	smoked	[sməʊkt]
frito	fried	[fraɪd]
seco	dried	[draɪd]
congelado	frozen	['frəʊzən]
em conserva	pickled	['pɪkəld]

doce (açucarado)	sweet	[swi:t]
salgado	salty	['sɔ:ltɪ]
frio	cold	[kəʊld]
quente	hot	[hɒt]
amargo	bitter	['bɪtə(r)]
gostoso	tasty	['teɪstɪ]

cozinhar (em água a ferver)	to cook in boiling water	[tə kʊk in 'bɔɪlɪŋ 'wɔ:tə]
fazer, preparar (vt)	to cook (vt)	[tə kʊk]
fritar (vt)	to fry (vt)	[tə fraɪ]
aquecer (vt)	to heat up	[tə hi:t ʌp]

salgar (vt)	to salt (vt)	[tə sɔ:lt]
apimentar (vt)	to pepper (vt)	[tə 'pepə(r)]
ralar (vt)	to grate (vt)	[tə greɪt]
casca (f)	peel	[pi:l]
descascar (vt)	to peel (vt)	[tə pi:l]

52. Comida

carne (f)	meat	[mi:t]
galinha (f)	chicken	['ʧɪkɪn]
frango (m)	poussin	['pu:sæn]
pato (m)	duck	[dʌk]
ganso (m)	goose	[gu:s]
caça (f)	game	[geɪm]
peru (m)	turkey	['tɜ:kɪ]

carne (f) de porco	pork	[pɔ:k]
carne (f) de vitela	veal	[vi:l]
carne (f) de carneiro	lamb	[læm]
carne (f) de vaca	beef	[bi:f]
carne (f) de coelho	rabbit	['ræbɪt]

chouriço, salsichão (m)	sausage	['sɒsɪʤ]
salsicha (f)	vienna sausage	[vɪ'enə 'sɒsɪʤ]
bacon (m)	bacon	['beɪkən]
fiambre (f)	ham	[hæm]
presunto (m)	gammon	['gæmən]
patê (m)	pâté	['pæteɪ]
fígado (m)	liver	['lɪvə(r)]

| carne (f) moída | mince | [mɪns] |
| língua (f) | tongue | [tʌŋ] |

ovo (m)	egg	[eg]
ovos (m pl)	eggs	[egz]
clara (f) do ovo	egg white	['eg ,waɪt]
gema (f) do ovo	egg yolk	['eg jəʊk]

peixe (m)	fish	[fɪʃ]
mariscos (m pl)	seafood	['si:fu:d]
crustáceos (m pl)	crustaceans	[krʌ'steɪʃənz]
caviar (m)	caviar	['kævɪɑ:(r)]

caranguejo (m)	crab	[kræb]
camarão (m)	prawn	[prɔ:n]
ostra (f)	oyster	['ɔɪstə(r)]
lagosta (f)	spiny lobster	['spaɪnɪ 'lɒbstə(r)]
polvo (m)	octopus	['ɒktəpəs]
lula (f)	squid	[skwɪd]

esturjão (m)	sturgeon	['stɜ:dʒən]
salmão (m)	salmon	['sæmən]
halibute (m)	halibut	['hælɪbət]

bacalhau (m)	cod	[kɒd]
cavala, sarda (f)	mackerel	['mækərəl]
atum (m)	tuna	['tju:nə]
enguia (f)	eel	[i:l]

truta (f)	trout	[traʊt]
sardinha (f)	sardine	[sɑ:'di:n]
lúcio (m)	pike	[paɪk]
arenque (m)	herring	['herɪŋ]

pão (m)	bread	[bred]
queijo (m)	cheese	[tʃi:z]
açúcar (m)	sugar	['ʃʊgə(r)]
sal (m)	salt	[sɔ:lt]

arroz (m)	rice	[raɪs]
massas (f pl)	pasta	['pæstə]
talharim (m)	noodles	['nu:dəlz]

manteiga (f)	butter	['bʌtə(r)]
óleo (m) vegetal	vegetable oil	['vedʒtəbəl ɔɪl]
óleo (m) de girassol	sunflower oil	['sʌn,flaʊə ɔɪl]
margarina (f)	margarine	[,mɑ:dʒə'ri:n]

| azeitonas (f pl) | olives | ['ɒlɪvz] |
| azeite (m) | olive oil | ['ɒlɪv ,ɔɪl] |

leite (m)	milk	[mɪlk]
leite (m) condensado	condensed milk	[kən'denst mɪlk]
iogurte (m)	yogurt	['jəʊgərt]
nata (f) azeda	soured cream	['saʊəd ,kri:m]
nata (f) do leite	cream	[kri:m]

| maionese (f) | mayonnaise | [ˌmeɪəˈneɪz] |
| creme (m) | buttercream | [ˈbʌtəˌkriːm] |

grãos (m pl) de cereais	groats	[ɡrəʊts]
farinha (f)	flour	[ˈflaʊə(r)]
enlatados (m pl)	tinned food	[ˈtɪnd fuːd]

flocos (m pl) de milho	cornflakes	[ˈkɔːnfleɪks]
mel (m)	honey	[ˈhʌnɪ]
doce (m)	jam	[dʒæm]
pastilha (f) elástica	chewing gum	[ˈtʃuːɪŋ ˌɡʌm]

53. Bebidas

água (f)	water	[ˈwɔːtə(r)]
água (f) potável	drinking water	[ˈdrɪŋkɪŋ ˌwɔːtə(r)]
água (f) mineral	mineral water	[ˈmɪnərəl ˈwɔːtə(r)]

sem gás	still	[stɪl]
gaseificada	carbonated	[ˈkɑːbəneɪtɪd]
com gás	sparkling	[ˈspɑːklɪŋ]
gelo (m)	ice	[aɪs]
com gelo	with ice	[wɪð aɪs]

sem álcool	non-alcoholic	[nɒn ˌælkəˈhɒlɪk]
bebida (f) sem álcool	soft drink	[sɒft drɪŋk]
refresco (m)	refreshing drink	[rɪˈfreʃɪŋ drɪŋk]
limonada (f)	lemonade	[ˌleməˈneɪd]

bebidas (f pl) alcoólicas	spirits	[ˈspɪrɪts]
vinho (m)	wine	[waɪn]
vinho (m) branco	white wine	[ˈwaɪt ˌwaɪn]
vinho (m) tinto	red wine	[ˈred ˌwaɪn]

licor (m)	liqueur	[lɪˈkjʊə(r)]
champanhe (m)	champagne	[ʃæmˈpeɪn]
vermute (m)	vermouth	[vɜːˈmuːθ]

uísque (m)	whisky	[ˈwɪskɪ]
vodka (f)	vodka	[ˈvɒdkə]
gim (m)	gin	[dʒɪn]
conhaque (m)	cognac	[ˈkɒnjæk]
rum (m)	rum	[rʌm]

café (m)	coffee	[ˈkɒfɪ]
café (m) puro	black coffee	[blæk ˈkɒfɪ]
café (m) com leite	white coffee	[waɪt ˈkɒfɪ]
cappuccino (m)	cappuccino	[ˌkæpʊˈtʃiːnəʊ]
café (m) solúvel	instant coffee	[ˈɪnstənt ˈkɒfɪ]

leite (m)	milk	[mɪlk]
coquetel (m)	cocktail	[ˈkɒkteɪl]
batido (m) de leite	milkshake	[ˈmɪlk ʃeɪk]
sumo (m)	juice	[dʒuːs]

sumo (m) de tomate	tomato juice	[tə'mɑːtəʊ dʒuːs]
sumo (m) de laranja	orange juice	['ɒrɪndʒ ˌdʒuːs]
sumo (m) fresco	freshly squeezed juice	['freʃlɪ skwiːzd dʒuːs]

cerveja (f)	beer	[bɪə(r)]
cerveja (f) clara	lager	['lɑːgə(r)]
cerveja (f) preta	bitter	['bɪtə(r)]

chá (m)	tea	[tiː]
chá (m) preto	black tea	[blæk tiː]
chá (m) verde	green tea	['griːn ˌtiː]

54. Vegetais

| legumes (m pl) | vegetables | ['vedʒtəbəlz] |
| verduras (f pl) | greens | [griːnz] |

tomate (m)	tomato	[tə'mɑːtəʊ]
pepino (m)	cucumber	['kjuːkʌmbə(r)]
cenoura (f)	carrot	['kærət]
batata (f)	potato	[pə'teɪtəʊ]
cebola (f)	onion	['ʌnjən]
alho (m)	garlic	['gɑːlɪk]

| couve (f) | cabbage | ['kæbɪdʒ] |
| couve-flor (f) | cauliflower | ['kɒlɪˌflaʊə(r)] |

| couve-de-bruxelas (f) | Brussels sprouts | ['brʌsəlz ˌspraʊts] |
| brócolos (m pl) | broccoli | ['brɒkəlɪ] |

beterraba (f)	beetroot	['biːtruːt]
beringela (f)	aubergine	['əʊbəʒiːn]
curgete (f)	courgette	[kɔː'ʒet]

| abóbora (f) | pumpkin | ['pʌmpkɪn] |
| nabo (m) | turnip | ['tɜːnɪp] |

salsa (f)	parsley	['pɑːslɪ]
funcho, endro (m)	dill	[dɪl]
alface (f)	lettuce	['letɪs]
aipo (m)	celery	['selərɪ]

| espargo (m) | asparagus | [ə'spærəgəs] |
| espinafre (m) | spinach | ['spɪnɪdʒ] |

| ervilha (f) | pea | [piː] |
| fava (f) | beans | [biːnz] |

| milho (m) | maize | [meɪz] |
| feijão (m) | kidney bean | ['kɪdnɪ biːn] |

pimentão (m)	sweet paper	[swiːt 'pepə(r)]
rabanete (m)	radish	['rædɪʃ]
alcachofra (f)	artichoke	['ɑːtɪtʃəʊk]

55. Frutos. Nozes

fruta (f)	fruit	[fruːt]
maçã (f)	apple	['æpəl]
pera (f)	pear	[peə(r)]
limão (m)	lemon	['lemən]
laranja (f)	orange	['ɒrɪndʒ]
morango (m)	strawberry	['strɔːbərɪ]
tangerina (f)	tangerine	[ˌtændʒə'riːn]
ameixa (f)	plum	[plʌm]
pêssego (m)	peach	[piːʧ]
damasco (m)	apricot	['eɪprɪkɒt]
framboesa (f)	raspberry	['rɑːzbərɪ]
ananás (m)	pineapple	['paɪnˌæpəl]
banana (f)	banana	[bə'nɑːnə]
melancia (f)	watermelon	['wɔːtəˌmelən]
uva (f)	grape	[greɪp]
ginja (f)	sour cherry	['saʊə 'ʧerɪ]
cereja (f)	sweet cherry	[swiːt 'ʧerɪ]
meloa (f)	melon	['melən]
toranja (f)	grapefruit	['greɪpfruːt]
abacate (m)	avocado	[ˌævə'kɑːdəʊ]
papaia (f)	papaya	[pə'paɪə]
manga (f)	mango	['mæŋgəʊ]
romã (f)	pomegranate	['pɒmɪˌgrænɪt]
groselha (f) vermelha	redcurrant	['redkʌrənt]
groselha (f) preta	blackcurrant	[ˌblæk'kʌrənt]
groselha (f) espinhosa	gooseberry	['gʊzbərɪ]
mirtilo (m)	bilberry	['bɪlbərɪ]
amora silvestre (f)	blackberry	['blækbərɪ]
uvas (f pl) passas	raisin	['reɪzən]
figo (m)	fig	[fɪg]
tâmara (f)	date	[deɪt]
amendoim (m)	peanut	['piːnʌt]
amêndoa (f)	almond	['ɑːmənd]
noz (f)	walnut	['wɔːlnʌt]
avelã (f)	hazelnut	['heɪzəlnʌt]
coco (m)	coconut	['kəʊkənʌt]
pistáchios (m pl)	pistachios	[pɪ'stɑːʃɪəʊs]

56. Pão. Bolaria

pastelaria (f)	confectionery	[kən'fekʃənərɪ]
pão (m)	bread	[bred]
bolacha (f)	biscuits	['bɪskɪts]
chocolate (m)	chocolate	['ʧɒkələt]
de chocolate	chocolate	['ʧɒkələt]

rebuçado (m)	sweet	[swiːt]
bolo (cupcake, etc.)	cake	[keɪk]
bolo (m) de aniversário	cake	[keɪk]

| tarte (~ de maçã) | pie | [paɪ] |
| recheio (m) | filling | [ˈfɪlɪŋ] |

doce (m)	jam	[dʒæm]
geleia (f) de frutas	marmalade	[ˈmɑːməleɪd]
waffle (m)	wafers	[ˈweɪfəz]
gelado (m)	ice-cream	[aɪs kriːm]
pudim (m)	pudding	[ˈpʊdɪŋ]

57. Especiarias

sal (m)	salt	[sɔːlt]
salgado	salty	[ˈsɔːltɪ]
salgar (vt)	to salt (vt)	[tə sɔːlt]

pimenta (f) preta	black pepper	[blæk ˈpepə(r)]
pimenta (f) vermelha	red pepper	[red ˈpepə(r)]
mostarda (f)	mustard	[ˈmʌstəd]
raiz-forte (f)	horseradish	[ˈhɔːsˌrædɪʃ]

condimento (m)	condiment	[ˈkɒndɪmənt]
especiaria (f)	spice	[spaɪs]
molho (m)	sauce	[sɔːs]
vinagre (m)	vinegar	[ˈvɪnɪgə(r)]

anis (m)	anise	[ˈænɪs]
manjericão (m)	basil	[ˈbæzəl]
cravo (m)	cloves	[kləʊvz]
gengibre (m)	ginger	[ˈdʒɪndʒə(r)]
coentro (m)	coriander	[ˌkɒrɪˈændə(r)]
canela (f)	cinnamon	[ˈsɪnəmən]

sésamo (m)	sesame	[ˈsesəmɪ]
folhas (f pl) de louro	bay leaf	[beɪ liːf]
páprica (f)	paprika	[ˈpæprɪkə]
cominho (m)	caraway	[ˈkærəweɪ]
açafrão (m)	saffron	[ˈsæfrən]

INFORMAÇÃO PESSOAL. FAMÍLIA

58. Informação pessoal. Formulários

nome (m)	name, first name	[neɪm], [ˈfɜːstˌneɪm]
apelido (m)	surname, last name	[ˈsɜːneɪm], [lɑːst neɪm]
data (f) de nascimento	date of birth	[deɪt əv bɜːθ]
local (m) de nascimento	place of birth	[ˌpleɪs əv ˈbɜːθ]
nacionalidade (f)	nationality	[ˌnæʃəˈnælətɪ]
lugar (m) de residência	place of residence	[ˌpleɪs əv ˈrezɪdəns]
país (m)	country	[ˈkʌntrɪ]
profissão (f)	profession	[prəˈfeʃən]
sexo (m)	gender, sex	[ˈdʒendə(r)], [seks]
estatura (f)	height	[haɪt]
peso (m)	weight	[weɪt]

59. Membros da família. Parentes

mãe (f)	mother	[ˈmʌðə(r)]
pai (m)	father	[ˈfɑːðə(r)]
filho (m)	son	[sʌn]
filha (f)	daughter	[ˈdɔːtə(r)]
filha (f) mais nova	younger daughter	[jʌŋgə ˈdɔːtə(r)]
filho (m) mais novo	younger son	[jʌŋgə ˈsʌn]
filha (f) mais velha	eldest daughter	[ˈeldɪst ˈdɔːtə(r)]
filho (m) mais velho	eldest son	[ˈeldɪst sʌn]
irmão (m)	brother	[ˈbrʌðə(r)]
irmã (f)	sister	[ˈsɪstə(r)]
primo (m)	cousin	[ˈkʌzən]
prima (f)	cousin	[ˈkʌzən]
mamã (f)	mummy	[ˈmʌmɪ]
papá (m)	dad, daddy	[dæd], [ˈdædɪ]
pais (pl)	parents	[ˈpeərənts]
criança (f)	child	[tʃaɪld]
crianças (f pl)	children	[ˈtʃɪldrən]
avó (f)	grandmother	[ˈgrænˌmʌðə(r)]
avô (m)	grandfather	[ˈgrændˌfɑːðə(r)]
neto (m)	grandson	[ˈgrænsʌn]
neta (f)	granddaughter	[ˈgrænˌdɔːtə(r)]
netos (pl)	grandchildren	[ˈgrænˌtʃɪldrən]
tio (m)	uncle	[ˈʌŋkəl]
tia (f)	aunt	[ɑːnt]

sobrinho (m)	nephew	['nefjuː]
sobrinha (f)	niece	[niːs]

sogra (f)	mother-in-law	['mʌðər ɪn 'lɔː]
sogro (m)	father-in-law	['faːðə ɪn ˌlɔː]
genro (m)	son-in-law	['sʌn ɪn ˌlɔː]
madrasta (f)	stepmother	['stepˌmʌðə(r)]
padrasto (m)	stepfather	['stepˌfaːðə(r)]

criança (f) de colo	infant	['ɪnfənt]
bebé (m)	baby	['beɪbɪ]
menino (m)	little boy	['lɪtəl ˌbɔɪ]

mulher (f)	wife	[waɪf]
marido (m)	husband	['hʌzbənd]

casado	married	['mærɪd]
casada	married	['mærɪd]
solteiro	single	['sɪŋgəl]
solteirão (m)	bachelor	['bætʃələ(r)]
divorciado	divorced	[dɪ'vɔːst]
viúva (f)	widow	['wɪdəʊ]
viúvo (m)	widower	['wɪdəʊə(r)]

parente (m)	relative	['relətɪv]
parente (m) próximo	close relative	[ˌkləʊs 'relətɪv]
parente (m) distante	distant relative	['dɪstənt 'relətɪv]
parentes (m pl)	relatives	['relətɪvz]

órfão (m), órfã (f)	orphan	['ɔːfən]
tutor (m)	guardian	['gaːdjən]
adotar (um filho)	to adopt (vt)	[tə ə'dɒpt]
adotar (uma filha)	to adopt (vt)	[tə ə'dɒpt]

60. Amigos. Colegas de trabalho

amigo (m)	friend	[frend]
amiga (f)	friend, girlfriend	[frend], ['gɜːlfrend]
amizade (f)	friendship	['frendʃɪp]
ser amigos	to be friends	[tə bi frendz]

amigo (m)	pal	[pæl]
amiga (f)	pal	[pæl]
parceiro (m)	partner	['paːtnə(r)]

chefe (m)	chief	[tʃiːf]
superior (m)	boss, superior	[bɒs], [suː'pɪərɪə(r)]
subordinado (m)	subordinate	[sə'bɔːdɪnət]
colega (m)	colleague	['kɒliːg]

conhecido (m)	acquaintance	[ə'kweɪntəns]
companheiro (m) de viagem	fellow traveller	['feləʊ 'trævələ(r)]
colega (m) de classe	classmate	['klaːsmeɪt]
vizinho (m)	neighbour	['neɪbə(r)]

| vizinha (f) | **neighbour** | ['neɪbə(r)] |
| vizinhos (pl) | **neighbours** | ['neɪbəz] |

CORPO HUMANO. MEDICINA

61. Cabeça

cabeça (f)	head	[hed]
cara (f)	face	[feɪs]
nariz (m)	nose	[nəʊz]
boca (f)	mouth	[maʊθ]
olho (m)	eye	[aɪ]
olhos (m pl)	eyes	[aɪz]
pupila (f)	pupil	['pju:pəl]
sobrancelha (f)	eyebrow	['aɪbraʊ]
pestana (f)	eyelash	['aɪlæʃ]
pálpebra (f)	eyelid	['aɪlɪd]
língua (f)	tongue	[tʌŋ]
dente (m)	tooth	[tu:θ]
lábios (m pl)	lips	[lɪps]
maçãs (f pl) do rosto	cheekbones	['ʧi:kbəʊnz]
gengiva (f)	gum	[gʌm]
palato (m)	palate	['pælət]
narinas (f pl)	nostrils	['nɒstrɪlz]
queixo (m)	chin	[ʧɪn]
mandíbula (f)	jaw	[dʒɔ:]
bochecha (f)	cheek	[ʧi:k]
testa (f)	forehead	['fɔ:hed]
têmpora (f)	temple	['tempəl]
orelha (f)	ear	[ɪə(r)]
nuca (f)	back of the head	['bæk əv ðə ˌhed]
pescoço (m)	neck	[nek]
garganta (f)	throat	[θrəʊt]
cabelos (m pl)	hair	[heə(r)]
penteado (m)	hairstyle	['heəstaɪl]
corte (m) de cabelo	haircut	['heəkʌt]
peruca (f)	wig	[wɪg]
bigode (m)	moustache	[mə'stɑ:ʃ]
barba (f)	beard	[bɪəd]
usar, ter (~ barba, etc.)	to have (vt)	[tə hæv]
trança (f)	plait	[plæt]
suíças (f pl)	sideboards	['saɪdbɔ:dz]
ruivo	red-haired	['red ˌheəd]
grisalho	grey	[greɪ]
calvo	bald	[bɔ:ld]
calva (f)	bald patch	[bɔ:ld pæʧ]

| rabo-de-cavalo (m) | ponytail | ['pəʊniteɪl] |
| franja (f) | fringe | [frɪndʒ] |

62. Corpo humano

| mão (f) | hand | [hænd] |
| braço (m) | arm | [ɑːm] |

dedo (m)	finger	['fɪŋgə(r)]
polegar (m)	thumb	[θʌm]
dedo (m) mindinho	little finger	[ˌlɪtəl 'fɪŋgə(r)]
unha (f)	nail	[neɪl]

punho (m)	fist	[fɪst]
palma (f) da mão	palm	[pɑːm]
pulso (m)	wrist	[rɪst]
antebraço (m)	forearm	['fɔːrˌɑːm]
cotovelo (m)	elbow	['elbəʊ]
ombro (m)	shoulder	['ʃəʊldə(r)]

perna (f)	leg	[leg]
pé (m)	foot	[fʊt]
joelho (m)	knee	[niː]
barriga (f) da perna	calf	[kɑːf]
anca (f)	hip	[hɪp]
calcanhar (m)	heel	[hiːl]

corpo (m)	body	['bɒdɪ]
barriga (f)	stomach	['stʌmək]
peito (m)	chest	[tʃest]
seio (m)	breast	[brest]
lado (m)	flank	[flæŋk]
costas (f pl)	back	[bæk]
região (f) lombar	lower back	['ləʊə bæk]
cintura (f)	waist	[weɪst]

umbigo (m)	navel, belly button	['neɪvəl], ['belɪ 'bʌtən]
nádegas (f pl)	buttocks	['bʌtəks]
traseiro (m)	bottom	['bɒtəm]

sinal (m)	beauty spot	['bjuːtɪ spɒt]
tatuagem (f)	tattoo	[tə'tuː]
cicatriz (f)	scar	[skɑː(r)]

63. Doenças

doença (f)	illness	['ɪlnɪs]
estar doente	to be ill	[tə bi ɪl]
saúde (f)	health	[helθ]

| nariz (m) a escorrer | runny nose | [ˌrʌnɪ 'nəʊz] |
| amigdalite (f) | tonsillitis | [ˌtɒnsɪ'laɪtɪs] |

constipação (f)	cold	[kəʊld]
constipar-se (vr)	to catch a cold	[tə kætʃ ə 'kəʊld]

bronquite (f)	bronchitis	[brɒŋ'kaɪtɪs]
pneumonia (f)	pneumonia	[nju:'məʊnɪə]
gripe (f)	flu	[flu:]

míope	shortsighted	[ʃɔːt 'saɪtɪd]
presbita	longsighted	[ˌlɒŋ'saɪtɪd]
estrabismo (m)	squint	[skwɪnt]
estrábico	squint-eyed	[skwɪnt aɪd]
catarata (f)	cataract	['kætərækt]
glaucoma (m)	glaucoma	[glɔː'kəʊmə]

AVC (m), apoplexia (f)	stroke	[strəʊk]
ataque (m) cardíaco	heart attack	['hɑːt əˌtæk]
enfarte (m) do miocárdio	myocardial infarction	[ˌmaɪəʊ'kɑːdɪəl ɪn'fɑːkʃən]
paralisia (f)	paralysis	[pə'rælɪsɪs]
paralisar (vt)	to paralyse (vt)	[tə 'pærəlaɪz]

alergia (f)	allergy	['ælədʒɪ]
asma (f)	asthma	['æsmə]
diabetes (f)	diabetes	[ˌdaɪə'biːtiːz]

dor (f) de dentes	toothache	['tuːθeɪk]
cárie (f)	caries	['keəriːz]

diarreia (f)	diarrhoea	[ˌdaɪə'rɪə]
prisão (f) de ventre	constipation	[ˌkɒnstɪ'peɪʃən]
desarranjo (m) intestinal	stomach upset	['stʌmək 'ʌpset]
intoxicação (f) alimentar	food poisoning	[fuːd 'pɔɪzənɪŋ]

artrite (f)	arthritis	[ɑː'θraɪtɪs]
raquitismo (m)	rickets	['rɪkɪts]
reumatismo (m)	rheumatism	['ruːmətɪzəm]
arteriosclerose (f)	atherosclerosis	[ˌæθərəʊsklɪ'rəʊsɪs]

gastrite (f)	gastritis	[gæs'traɪtɪs]
appendicite (f)	appendicitis	[əˌpendɪ'saɪtɪs]
colecistite (f)	cholecystitis	[ˌkɒlɪsɪs'taɪtɪs]
úlcera (f)	ulcer	['ʌlsə(r)]

sarampo (m)	measles	['miːzəlz]
rubéola (f)	rubella	[ruː'belə]
iterícia (f)	jaundice	['dʒɔːndɪs]
hepatite (f)	hepatitis	[ˌhepə'taɪtɪs]

esquizofrenia (f)	schizophrenia	[ˌskɪtsə'friːnɪə]
raiva (f)	rabies	['reɪbiːz]
neurose (f)	neurosis	[ˌnjʊə'rəʊsɪs]
comoção (f) cerebral	concussion	[kən'kʌʃən]

cancro (m)	cancer	['kænsə(r)]
esclerose (f)	sclerosis	[sklə'rəʊsɪs]
esclerose (f) múltipla	multiple sclerosis	['mʌltɪpəl sklə'rəʊsɪs]
alcoolismo (m)	alcoholism	['ælkəhɒlɪzəm]

alcoólico (m)	alcoholic	[ˌælkə'hɒlɪk]
sífilis (f)	syphilis	['sɪfɪlɪs]
SIDA (f)	AIDS	[eɪdz]

tumor (m)	tumour	['tjuːmə(r)]
febre (f)	fever	['fiːvə(r)]
malária (f)	malaria	[mə'leərɪə]
gangrena (f)	gangrene	['ɡæŋɡriːn]
enjoo (m)	seasickness	['siːsɪknɪs]
epilepsia (f)	epilepsy	['epɪlepsɪ]

epidemia (f)	epidemic	[ˌepɪ'demɪk]
tifo (m)	typhus	['taɪfəs]
tuberculose (f)	tuberculosis	[tjuːˌbɜːkjʊ'ləʊsɪs]
cólera (f)	cholera	['kɒlərə]
peste (f)	plague	[pleɪg]

64. Sintomas. Tratamentos. Parte 1

sintoma (m)	symptom	['sɪmptəm]
temperatura (f)	temperature	['temprətʃə(r)]
febre (f)	high temperature, fever	[haɪ 'temprətʃə(r)], ['fiːvə(r)]
pulso (m)	pulse, heartbeat	[pʌls], ['hɑːtbiːt]

vertigem (f)	dizziness	['dɪzɪnɪs]
quente (testa, etc.)	hot	[hɒt]
calafrio (m)	shivering	['ʃɪvərɪŋ]
pálido	pale	[peɪl]

tosse (f)	cough	[kɒf]
tossir (vi)	to cough (vi)	[tə kɒf]
espirrar (vi)	to sneeze (vi)	[tə sniːz]
desmaio (m)	faint	[feɪnt]
desmaiar (vi)	to faint (vi)	[tə feɪnt]

nódoa (f) negra	bruise	[bruːz]
galo (m)	bump	[bʌmp]
magoar-se (vr)	to bang (vi)	[tə bæŋ]
pisadura (f)	bruise	[bruːz]
aleijar-se (vr)	to get a bruise	[tə get ə bruːz]

coxear (vi)	to limp (vi)	[tə lɪmp]
deslocação (f)	dislocation	[ˌdɪslə'keɪʃən]
deslocar (vt)	to dislocate (vt)	[tə 'dɪsləkeɪt]
fratura (f)	fracture	['fræktʃə(r)]
fraturar (vt)	to have a fracture	[tə hæv ə 'fræktʃə(r)]

corte (m)	cut	[kʌt]
cortar-se (vr)	to cut oneself	[tə kʌt wʌn'self]
hemorragia (f)	bleeding	['bliːdɪŋ]

queimadura (f)	burn	[bɜːn]
queimar-se (vr)	to get burned	[tə get 'bɜːnd]
picar (vt)	to prick (vt)	[tə prɪk]

picar-se (vr)	to prick oneself	[tə prɪk wʌn'self]
lesionar (vt)	to injure (vt)	[tə 'ɪndʒə(r)]
lesão (m)	injury	['ɪndʒərɪ]
ferida (f), ferimento (m)	wound	[wu:nd]
trauma (m)	trauma	['trɔ:mə]

delirar (vi)	to be delirious	[tə bi dɪ'lɪrɪəs]
gaguejar (vi)	to stutter (vi)	[tə 'stʌtə(r)]
insolação (f)	sunstroke	['sʌnstrəʊk]

65. Sintomas. Tratamentos. Parte 2

| dor (f) | pain, ache | [peɪn], [eɪk] |
| farpa (no dedo) | splinter | ['splɪntə(r)] |

suor (m)	sweat	[swet]
suar (vi)	to sweat (vi)	[tə swet]
vómito (m)	vomiting	['vɒmɪtɪŋ]
convulsões (f pl)	convulsions	[kən'vʌlʃənz]

grávida	pregnant	['pregnənt]
nascer (vi)	to be born	[tə bi bɔ:n]
parto (m)	delivery, labour	[dɪ'lɪvərɪ], ['leɪbə(r)]
dar à luz	to deliver (vt)	[tə dɪ'lɪvə(r)]
aborto (m)	abortion	[ə'bɔ:ʃən]

respiração (f)	breathing, respiration	['bri:ðɪŋ], [ˌrespə'reɪʃən]
inspiração (f)	in-breath, inhalation	['ɪnbreθ], [ˌɪnhə'leɪʃən]
expiração (f)	out-breath, exhalation	['aʊtbreθ],[ˌeksə'leɪʃən]
expirar (vi)	to exhale (vi)	[tə eks'heɪl]
inspirar (vi)	to inhale (vi)	[tə ɪn'heɪl]

inválido (m)	disabled person	[dɪs'eɪbəld 'pɜ:sən]
aleijado (m)	cripple	['krɪpəl]
toxicodependente (m)	drug addict	['drʌgˌædɪkt]

surdo	deaf	[def]
mudo	mute	[mju:t]
surdo-mudo	deaf mute	[def mju:t]

louco (adj.)	mad, insane	[mæd], [ɪn'seɪn]
louco (m)	madman	['mædmən]
louca (f)	madwoman	['mædˌwʊmən]
ficar louco	to go insane	[tə gəʊ ɪn'seɪn]

gene (m)	gene	[dʒi:n]
imunidade (f)	immunity	[ɪ'mju:nətɪ]
hereditário	hereditary	[hɪ'redɪtərɪ]
congénito	congenital	[kən'dʒenɪtəl]

vírus (m)	virus	['vaɪrəs]
micróbio (m)	microbe	['maɪkrəʊb]
bactéria (f)	bacterium	[bæk'tɪərɪəm]
infeção (f)	infection	[ɪn'fekʃən]

66. Sintomas. Tratamentos. Parte 3

hospital (m)	hospital	['hɒspɪtəl]
paciente (m)	patient	['peɪʃənt]
diagnóstico (m)	diagnosis	[ˌdaɪəg'nəʊsɪs]
cura (f)	cure	[kjʊə]
tratamento (m) médico	treatment	['triːtmənt]
curar-se (vr)	to get treatment	[tə get 'triːtmənt]
tratar (vt)	to treat (vt)	[tə triːt]
cuidar (pessoa)	to nurse (vt)	[tə nɜːs]
cuidados (m pl)	care	[keə(r)]
operação (f)	operation, surgery	[ˌɒpə'reɪʃən], ['sɜːdʒərɪ]
enfaixar (vt)	to bandage (vt)	[tə 'bændɪdʒ]
enfaixamento (m)	bandaging	['bændɪdʒɪŋ]
vacinação (f)	vaccination	[ˌvæksɪ'neɪʃən]
vacinar (vt)	to vaccinate (vt)	[tə 'væksɪneɪt]
injeção (f)	injection	[ɪn'dʒekʃən]
dar uma injeção	to give an injection	[təˌgɪv ən ɪn'dʒekʃən]
ataque (~ de asma, etc.)	attack	[ə'tæk]
amputação (f)	amputation	[ˌæmpjʊ'teɪʃən]
amputar (vt)	to amputate (vt)	[tə 'æmpjʊteɪt]
coma (f)	coma	['kəʊmə]
estar em coma	to be in a coma	[tə bi ɪn ə 'kəʊmə]
reanimação (f)	intensive care	[ɪn'tensɪv ˌkeə(r)]
recuperar-se (vr)	to recover (vi)	[tə rɪ'kʌvə(r)]
estado (~ de saúde)	condition	[kən'dɪʃən]
consciência (f)	consciousness	['kɒnʃəsnɪs]
memória (f)	memory	['memərɪ]
tirar (vt)	to pull out	[tə ˌpʊl 'aʊt]
chumbo (m), obturação (f)	filling	['fɪlɪŋ]
chumbar, obturar (vt)	to fill (vt)	[tə fɪl]
hipnose (f)	hypnosis	[hɪp'nəʊsɪs]
hipnotizar (vt)	to hypnotize (vt)	[tə 'hɪpnətaɪz]

67. Medicina. Drogas. Acessórios

medicamento (m)	medicine, drug	['medsɪn], [drʌg]
remédio (m)	remedy	['remədɪ]
receitar (vt)	to prescribe (vt)	[tə prɪ'skraɪb]
receita (f)	prescription	[prɪ'skrɪpʃən]
comprimido (m)	tablet, pill	['tæblɪt], [pɪl]
pomada (f)	ointment	['ɔɪntmənt]
ampola (f)	ampoule	['æmpuːl]
preparado (m)	mixture	['mɪkstʃə(r)]
xarope (m)	syrup	['sɪrəp]

cápsula (f)	**capsule**	['kæpsju:l]
remédio (m) em pó	**powder**	['paʊdə(r)]
ligadura (f)	**bandage**	['bændɪdʒ]
algodão (m)	**cotton wool**	['kɒtən ˌwʊl]
iodo (m)	**iodine**	['aɪədi:n]
penso (m) rápido	**plaster**	['plɑ:stə(r)]
conta-gotas (m)	**eyedropper**	[aɪ 'drɒpə(r)]
termómetro (m)	**thermometer**	[θə'mɒmɪtə(r)]
seringa (f)	**syringe**	[sɪ'rɪndʒ]
cadeira (f) de rodas	**wheelchair**	['wi:lˌʧeə(r)]
muletas (f pl)	**crutches**	[krʌʧɪz]
analgésico (m)	**painkiller**	['peɪnˌkɪlə(r)]
laxante (m)	**laxative**	['læksətɪv]
álcool (m) etílico	**spirits (ethanol)**	['spɪrɪts], ['eθənɒl]
ervas (f pl) medicinais	**medicinal herbs**	[mə'dɪsɪnəl hɜ:bz]
de ervas (chá ~)	**herbal**	['hɜ:bəl]

APARTAMENTO

68. Apartamento

apartamento (m)	flat	[flæt]
quarto (m)	room	[ruːm]
quarto (m) de dormir	bedroom	['bedrʊm]
sala (f) de jantar	dining room	['daɪnɪŋ rʊm]
sala (f) de estar	living room	['lɪvɪŋ ruːm]
escritório (m)	study	['stʌdɪ]
antessala (f)	entry room	['entrɪ ruːm]
quarto (m) de banho	bathroom	['bɑːθrʊm]
toilette (lavabo)	water closet	['wɔːtə 'klɒzɪt]
teto (m)	ceiling	['siːlɪŋ]
chão, soalho (m)	floor	[flɔː(r)]
canto (m)	corner	['kɔːnə(r)]

69. Mobiliário. Interior

mobiliário (m)	furniture	['fɜːnɪtʃə(r)]
mesa (f)	table	['teɪbəl]
cadeira (f)	chair	[tʃeə(r)]
cama (f)	bed	[bed]
divã (m)	sofa, settee	['səʊfə], [se'tiː]
cadeirão (m)	armchair	['ɑːmtʃeə(r)]
estante (f)	bookcase	['bʊkkeɪs]
prateleira (f)	shelf	[ʃelf]
guarda-vestidos (m)	wardrobe	['wɔːdrəʊb]
cabide (m) de parede	coat rack	['kəʊt ˌræk]
cabide (m) de pé	coat stand	['kəʊt stænd]
cómoda (f)	chest of drawers	[ˌtʃest əv 'drɔːz]
mesinha (f) de centro	coffee table	['kɒfɪ 'teɪbəl]
espelho (m)	mirror	['mɪrə(r)]
tapete (m)	carpet	['kɑːpɪt]
tapete (m) pequeno	small carpet	[smɔːl 'kɑːpɪt]
lareira (f)	fireplace	['faɪəpleɪs]
vela (f)	candle	['kændəl]
castiçal (m)	candlestick	['kændəlstɪk]
cortinas (f pl)	drapes	[dreɪps]
papel (m) de parede	wallpaper	['wɔːlˌpeɪpə(r)]

estores (f pl)	blinds	[blaɪndz]
candeeiro (m) de mesa	table lamp	['teɪbəl læmp]
candeeiro (m) de pé	standard lamp	['stændəd læmp]
lustre (m)	chandelier	[ʃændə'lɪə(r)]
pé (de mesa, etc.)	leg	[leg]
braço (m)	armrest	['ɑːmrest]
costas (f pl)	back	[bæk]
gaveta (f)	drawer	[drɔː(r)]

70. Quarto de dormir

roupa (f) de cama	bedclothes	['bedkləʊðz]
almofada (f)	pillow	['pɪləʊ]
fronha (f)	pillowslip	['pɪləʊslɪp]
cobertor (m)	duvet	['duːveɪ]
lençol (m)	sheet	[ʃiːt]
colcha (f)	bedspread	['bedspred]

71. Cozinha

cozinha (f)	kitchen	['kɪtʃɪn]
gás (m)	gas	[gæs]
fogão (m) a gás	gas cooker	[gæs 'kʊkə(r)]
fogão (m) elétrico	electric cooker	[ɪ'lektrɪk 'kʊkə(r)]
forno (m)	oven	['ʌvən]
forno (m) de micro-ondas	microwave oven	['maɪkrəweɪv 'ʌvən]
frigorífico (m)	refrigerator	[rɪ'frɪdʒəreɪtə(r)]
congelador (m)	freezer	['friːzə(r)]
máquina (f) de lavar louça	dishwasher	['dɪʃˌwɒʃə(r)]
moedor (m) de carne	mincer	['mɪnsə(r)]
espremedor (m)	juicer	['dʒuːsə]
torradeira (f)	toaster	['təʊstə(r)]
batedeira (f)	mixer	['mɪksə(r)]
máquina (f) de café	coffee machine	['kɒfɪ mə'ʃiːn]
cafeteira (f)	coffee pot	['kɒfɪ pɒt]
moinho (m) de café	coffee grinder	['kɒfɪ 'graɪndə(r)]
chaleira (f)	kettle	['ketəl]
bule (m)	teapot	['tiːpɒt]
tampa (f)	lid	[lɪd]
coador (m) de chá	tea strainer	[tiː 'streɪnə(r)]
colher (f)	spoon	[spuːn]
colher (f) de chá	teaspoon	['tiːspuːn]
colher (f) de sopa	soup spoon	[suːp spuːn]
garfo (m)	fork	[fɔːk]
faca (f)	knife	[naɪf]
louça (f)	tableware	['teɪbəlweə(r)]

| prato (m) | plate | [pleɪt] |
| pires (m) | saucer | ['sɔːsə(r)] |

cálice (m)	shot glass	[ʃɒt glɑːs]
copo (m)	glass	[glɑːs]
chávena (f)	cup	[kʌp]

açucareiro (m)	sugar bowl	['ʃʊgə ˌbəʊl]
saleiro (m)	salt cellar	[sɔːlt 'selə(r)]
pimenteiro (m)	pepper pot	['pepə(r) pɒt]
manteigueira (f)	butter dish	['bʌtə dɪʃ]

panela, caçarola (f)	stock pot	[stɒk pɒt]
frigideira (f)	frying pan	['fraɪɪŋ pæn]
concha (f)	ladle	['leɪdəl]
passador (m)	colander	['kʌləndə(r)]
bandeja (f)	tray	[treɪ]

garrafa (f)	bottle	['bɒtəl]
boião (m) de vidro	jar	[dʒɑː(r)]
lata (f)	tin	[tɪn]

abre-garrafas (m)	bottle opener	['bɒtəl 'əʊpənə(r)]
abre-latas (m)	tin opener	[tɪn 'əʊpənə(r)]
saca-rolhas (m)	corkscrew	['kɔːkskruː]
filtro (m)	filter	['fɪltə(r)]
filtrar (vt)	to filter (vt)	[tə 'fɪltə(r)]

| lixo (m) | waste | [weɪst] |
| balde (m) do lixo | waste bin | [weɪst bɪn] |

72. Casa de banho

quarto (m) de banho	bathroom	['bɑːθrʊm]
água (f)	water	['wɔːtə(r)]
torneira (f)	tap	[tæp]
água (f) quente	hot water	[hɒt 'wɔːtə(r)]
água (f) fria	cold water	[ˌkəʊld 'wɔːtə(r)]

| pasta (f) de dentes | toothpaste | ['tuːθpeɪst] |
| escovar os dentes | to clean one's teeth | [tə kliːn wʌns 'tiːθ] |

barbear-se (vr)	to shave (vi)	[tə ʃeɪv]
espuma (f) de barbear	shaving foam	['ʃeɪvɪŋ fəʊm]
máquina (f) de barbear	razor	['reɪzə(r)]

lavar (vt)	to wash (vt)	[tə wɒʃ]
lavar-se (vr)	to have a bath	[tə hæv ə bɑːθ]
duche (m)	shower	['ʃaʊə(r)]
tomar um duche	to have a shower	[tə hæv ə 'ʃaʊə(r)]

banheira (f)	bath	[bɑːθ]
sanita (f)	toilet	['tɔɪlɪt]
lavatório (m)	sink, washbasin	[sɪŋk], ['wɒʃˌbeɪsən]

| sabonete (m) | soap | [səʊp] |
| saboneteira (f) | soap dish | ['səʊpdɪʃ] |

esponja (f)	sponge	[spʌndʒ]
champô (m)	shampoo	[ʃæm'pu:]
toalha (f)	towel	['taʊəl]
roupão (m) de banho	bathrobe	['bɑ:θrəʊb]

lavagem (f)	laundry	['lɔ:ndrɪ]
máquina (f) de lavar	washing machine	['wɒʃɪŋ mə'ʃi:n]
lavar a roupa	to do the laundry	[tə du: ðə 'lɔ:ndrɪ]
detergente (m)	washing powder	['wɒʃɪŋ 'paʊdə(r)]

73. Eletrodomésticos

televisor (m)	TV, telly	[ˌti:'vi:], ['telɪ]
gravador (m)	tape recorder	[teɪp rɪ'kɔ:də(r)]
videogravador (m)	video	['vɪdɪəʊ]
rádio (m)	radio	['reɪdɪəʊ]
leitor (m)	player	['pleɪə(r)]

projetor (m)	video projector	['vɪdɪəʊ prə'dʒektə(r)]
cinema (m) em casa	home cinema	[həʊm 'sɪnəmə]
leitor (m) de DVD	DVD player	[ˌdi:vi:'di: 'pleɪə(r)]
amplificador (m)	amplifier	['æmplɪfaɪə]
console (f) de jogos	video game console	['vɪdɪəʊ geɪm 'kɒnsəʊl]

câmara (f) de vídeo	video camera	['vɪdɪəʊ 'kæmərə]
máquina (f) fotográfica	camera	['kæmərə]
câmara (f) digital	digital camera	['dɪdʒɪtəl 'kæmərə]

aspirador (m)	vacuum cleaner	['vækjʊəm 'kli:nə(r)]
ferro (m) de engomar	iron	['aɪən]
tábua (f) de engomar	ironing board	['aɪrənɪŋ bɔ:d]

telefone (m)	telephone	['telɪfəʊn]
telemóvel (m)	mobile phone	['məʊbaɪl fəʊn]
máquina (f) de escrever	typewriter	['taɪpˌraɪtə(r)]
máquina (f) de costura	sewing machine	['səʊɪŋ mə'ʃi:n]

microfone (m)	microphone	['maɪkrəfəʊn]
auscultadores (m pl)	headphones	['hedfəʊnz]
controlo remoto (m)	remote control	[rɪ'məʊt kən'trəʊl]

CD (m)	CD, compact disc	[ˌsi:'di:], [kəm'pækt dɪsk]
cassete (f)	cassette, tape	[kæ'set], [teɪp]
disco (m) de vinil	vinyl record	['vaɪnɪl 'rekɔ:d]

A TERRA. TEMPO

74. Espaço sideral

cosmos (m)	space	[speɪs]
cósmico	space	[speɪs]
espaço (m) cósmico	outer space	['aʊtə speɪs]
mundo (m)	world	[wɜːld]
universo (m)	universe	['juːnɪvɜːs]
galáxia (f)	galaxy	['gæləksɪ]
estrela (f)	star	[stɑː(r)]
constelação (f)	constellation	[ˌkɒnstə'leɪʃən]
planeta (m)	planet	['plænɪt]
satélite (m)	satellite	['sætəlaɪt]
meteorito (m)	meteorite	['miːtjəraɪt]
cometa (m)	comet	['kɒmɪt]
asteroide (m)	asteroid	['æstərɔɪd]
órbita (f)	orbit	['ɔːbɪt]
girar (vi)	to rotate (vi)	[tə rəʊ'teɪt]
atmosfera (f)	atmosphere	['ætməˌsfɪə(r)]
Sol (m)	the Sun	[sʌn]
Sistema (m) Solar	solar system	['səʊlə 'sɪstəm]
eclipse (m) solar	solar eclipse	['səʊlə ɪ'klɪps]
Terra (f)	the Earth	[ðɪ ɜːθ]
Lua (f)	the Moon	[ðə muːn]
Marte (m)	Mars	[mɑːz]
Vénus (f)	Venus	['viːnəs]
Júpiter (m)	Jupiter	['dʒuːpɪtə(r)]
Saturno (m)	Saturn	['sætən]
Mercúrio (m)	Mercury	['mɜːkjʊrɪ]
Urano (m)	Uranus	['jʊərənəs]
Neptuno (m)	Neptune	['neptjuːn]
Plutão (m)	Pluto	['pluːtəʊ]
Via Láctea (f)	Milky Way	['mɪlkɪ weɪ]
Ursa Maior (f)	Great Bear	[greɪt 'beə(r)]
Estrela Polar (f)	North Star	[nɔːθ stɑː(r)]
marciano (m)	Martian	['mɑːʃən]
extraterrestre (m)	extraterrestrial	[ˌekstrətə'restrɪəl]
alienígena (m)	alien	['eɪljən]

disco (m) voador	flying saucer	['flaɪɪŋ 'sɔːsə(r)]
nave (f) espacial	spaceship	['speɪsʃɪp]
estação (f) orbital	space station	[speɪs 'steɪʃən]
lançamento (m)	blast-off	[blɑːst ɒf]
motor (m)	engine	['endʒɪn]
bocal (m)	nozzle	['nɒzəl]
combustível (m)	fuel	[fjʊəl]
cabine (f)	cockpit	['kɒkpɪt]
antena (f)	aerial	['eərɪəl]
vigia (f)	porthole	['pɔːθəʊl]
bateria (f) solar	solar panel	['səʊlə 'pænəl]
traje (m) espacial	spacesuit	['speɪssuːt]
imponderabilidade (f)	weightlessness	['weɪtlɪsnɪs]
oxigénio (m)	oxygen	['ɒksɪdʒən]
acoplagem (f)	docking	['dɒkɪŋ]
fazer uma acoplagem	to dock (vi, vt)	[tə dɒk]
observatório (m)	observatory	[əb'zɜːvətrɪ]
telescópio (m)	telescope	['telɪskəʊp]
observar (vt)	to observe (vt)	[tə əb'zɜːv]
explorar (vt)	to explore (vt)	[tə ɪk'splɔː(r)]

75. A Terra

Terra (f)	the Earth	[ðɪ ɜːθ]
globo terrestre (Terra)	the globe	[ðɪ gləʊb]
planeta (m)	planet	['plænɪt]
atmosfera (f)	atmosphere	['ætməˌsfɪə(r)]
geografia (f)	geography	[dʒɪ'ɒgrəfɪ]
natureza (f)	nature	['neɪtʃə(r)]
globo (mapa esférico)	globe	[gləʊb]
mapa (m)	map	[mæp]
atlas (m)	atlas	['ætləs]
Europa (f)	Europe	['jʊərəp]
Ásia (f)	Asia	['eɪʒə]
África (f)	Africa	['æfrɪkə]
Austrália (f)	Australia	[ɒ'streɪljə]
América (f)	America	[ə'merɪkə]
América (f) do Norte	North America	[nɔː θ ə'merɪkə]
América (f) do Sul	South America	[saʊθ ə'merɪkə]
Antártida (f)	Antarctica	[ænt'ɑːktɪkə]
Ártico (m)	the Arctic	[ðə 'ɑːktɪk]

76. Pontos cardeais

norte (m)	north	[nɔ:θ]
para norte	to the north	[tə ðə nɔ:θ]
no norte	in the north	[ɪn ðə nɔ:θ]
do norte	northern	['nɔ:ðən]
sul (m)	south	[saʊθ]
para sul	to the south	[tə ðə saʊθ]
no sul	in the south	[ɪn ðə saʊθ]
do sul	southern	['sʌðən]
oeste, ocidente (m)	west	[west]
para oeste	to the west	[tə ðə west]
no oeste	in the west	[ɪn ðə west]
ocidental	western	['westən]
leste, oriente (m)	east	[i:st]
para leste	to the east	[tə ðɪ i:st]
no leste	in the east	[ɪn ðɪ i:st]
oriental	eastern	['i:stən]

77. Mar. Oceano

mar (m)	sea	[si:]
oceano (m)	ocean	['əʊʃən]
golfo (m)	gulf	[gʌlf]
estreito (m)	straits	[streɪts]
terra (f) firme	land	[lænd]
continente (m)	continent	['kɒntɪnənt]
ilha (f)	island	['aɪlənd]
península (f)	peninsula	[pə'nɪnsjʊlə]
arquipélago (m)	archipelago	[ˌɑ:kɪ'pelɪgəʊ]
baía (f)	bay	[beɪ]
porto (m)	harbour	['hɑ:bə(r)]
lagoa (f)	lagoon	[lə'gu:n]
cabo (m)	cape	[keɪp]
atol (m)	atoll	['ætɒl]
recife (m)	reef	[ri:f]
coral (m)	coral	['kɒrəl]
recife (m) de coral	coral reef	['kɒrəl ri:f]
profundo	deep	[di:p]
profundidade (f)	depth	[depθ]
abismo (m)	abyss	[ə'bɪs]
fossa (f) oceânica	trench	[trentʃ]
corrente (f)	current	['kʌrənt]
banhar (vt)	to surround (vt)	[tə sə'raʊnd]
litoral (m)	shore	[ʃɔ:(r)]

costa (f)	coast	[kəʊst]
maré (f) alta	flow	[fləʊ]
refluxo (m), maré (f) baixa	ebb	[eb]
restinga (f)	shoal	[ʃəʊl]
fundo (m)	bottom	['bɒtəm]

onda (f)	wave	[weɪv]
crista (f) da onda	crest	[krest]
espuma (f)	foam, spume	[fəʊm], [spjuːm]

tempestade (f)	storm	[stɔːm]
furacão (m)	hurricane	['hʌrɪkən]
tsunami (m)	tsunami	[tsuːˈnɑːmɪ]
calmaria (f)	calm	[kɑːm]
calmo	quiet, calm	['kwaɪət], [kɑːm]

| polo (m) | pole | [pəʊl] |
| polar | polar | ['pəʊlə(r)] |

latitude (f)	latitude	['lætɪtjuːd]
longitude (f)	longitude	['lɒndʒɪtjuːd]
paralela (f)	parallel	['pærəlel]
equador (m)	equator	[ɪ'kweɪtə(r)]

céu (m)	sky	[skaɪ]
horizonte (m)	horizon	[hə'raɪzən]
ar (m)	air	[eə]

farol (m)	lighthouse	['laɪthaʊs]
mergulhar (vi)	to dive (vi)	[tə daɪv]
afundar-se (vr)	to sink (vi)	[tə sɪŋk]
tesouros (m pl)	treasures	['treʒəz]

78. Nomes de Mares e Oceanos

Oceano (m) Atlântico	Atlantic Ocean	[ət'læntɪk 'əʊʃən]
Oceano (m) Índico	Indian Ocean	['ɪndɪən 'əʊʃən]
Oceano (m) Pacífico	Pacific Ocean	[pə'sɪfɪk 'əʊʃən]
Oceano (m) Ártico	Arctic Ocean	['ɑrktɪk 'əʊʃən]

Mar (m) Negro	Black Sea	[blæk siː]
Mar (m) Vermelho	Red Sea	[red siː]
Mar (m) Amarelo	Yellow Sea	[jeləʊ 'siː]
Mar (m) Branco	White Sea	[waɪt siː]

Mar (m) Cáspio	Caspian Sea	['kæspɪən siː]
Mar (m) Morto	Dead Sea	[,ded 'siː]
Mar (m) Mediterrâneo	Mediterranean Sea	[,medɪtə'reɪnɪən siː]

| Mar (m) Egeu | Aegean Sea | [iː'dʒiːən siː] |
| Mar (m) Adriático | Adriatic Sea | [,eɪdrɪ'ætɪk siː] |

| Mar (m) Arábico | Arabian Sea | [ə'reɪbɪən siː] |
| Mar (m) do Japão | Sea of Japan | ['siː əv dʒə'pæn] |

| Mar (m) de Bering | Bering Sea | ['berɪŋ siː] |
| Mar (m) da China Meridional | South China Sea | [saʊθ 'ʧaɪnə siː] |

Mar (m) de Coral	Coral Sea	['kɒrəl siː]
Mar (m) de Tasman	Tasman Sea	['tæzmən siː]
Mar (m) do Caribe	Caribbean Sea	['kæ'rɪbɪən siː]

| Mar (m) de Barents | Barents Sea | ['bærənts siː] |
| Mar (m) de Kara | Kara Sea | ['kɑːrə siː] |

Mar (m) do Norte	North Sea	[nɔːθ siː]
Mar (m) Báltico	Baltic Sea	['bɔːltɪk siː]
Mar (m) da Noruega	Norwegian Sea	[nɔː'wiːdʒən siː]

79. Montanhas

montanha (f)	mountain	['maʊntɪn]
cordilheira (f)	mountain range	['maʊntɪn reɪndʒ]
serra (f)	mountain ridge	['maʊntɪn rɪdʒ]

cume (m)	summit, top	['sʌmɪt], [tɒp]
pico (m)	peak	[piːk]
sopé (m)	foot	[fʊt]
declive (m)	slope	[sləʊp]

vulcão (m)	volcano	[vɒl'kenəʊ]
vulcão (m) ativo	active volcano	['æktɪv vɒl'kenəʊ]
vulcão (m) extinto	dormant volcano	['dɔːmənt vɒl'kenəʊ]

erupção (f)	eruption	[ɪ'rʌpʃən]
cratera (f)	crater	['kreɪtə(r)]
magma (m)	magma	['mægmə]
lava (f)	lava	['lɑːvə]
fundido (lava ~a)	molten	['məʊltən]

desfiladeiro (m)	canyon	['kænjən]
garganta (f)	gorge	[gɔːdʒ]
fenda (f)	crevice	['krevɪs]
precipício (m)	abyss	[ə'bɪs]

passo, colo (m)	pass, col	[pɑːs], [kɒl]
planalto (m)	plateau	['plætəʊ]
falésia (f)	cliff	[klɪf]
colina (f)	hill	[hɪl]

glaciar (m)	glacier	['glæsjə(r)]
queda (f) d'água	waterfall	['wɔːtəfɔːl]
géiser (m)	geyser	['giːzə(r)]
lago (m)	lake	[leɪk]

planície (f)	plain	[pleɪn]
paisagem (f)	landscape	['lændskeɪp]
eco (m)	echo	['ekəʊ]
alpinista (m)	alpinist	['ælpɪnɪst]

escalador (m)	rock climber	[rɒk 'klaɪmə(r)]
conquistar (vt)	conquer (vt)	['kɒŋkə(r)]
subida, escalada (f)	climb	[klaɪm]

80. Nomes de montanhas

Alpes (m pl)	The Alps	[ðɪ ælps]
monte Branco (m)	Mont Blanc	[ˌmɔ̃'blɑ̃]
Pirineus (m pl)	The Pyrenees	[ðɪ ˌpɪrə'niːz]
Cárpatos (m pl)	The Carpathians	[ðɪ kɑːˈpeɪθɪənz]
montes (m pl) Urais	The Ural Mountains	[ðɪ 'jʊərəl 'maʊntɪnz]
Cáucaso (m)	The Caucasus Mountains	[ðɪ 'kɔːkəsəs 'maʊntɪnz]
Elbrus (m)	Mount Elbrus	['maʊnt ˌelbə'ruːs]
Altai (m)	The Altai Mountains	[ðɪ ˌɑːˈltaɪ 'maʊntɪnz]
Tian Shan (m)	The Tian Shan	[ðɪ tjɛn'ʃɑːn]
Pamir (m)	The Pamir Mountains	[ðɪ pə'mɪə 'maʊntɪnz]
Himalaias (m pl)	The Himalayas	[ðɪ ˌhɪmə'leɪəz]
monte (m) Everest	Mount Everest	[ðɪ 'maʊnt 'evərɪst]
Cordilheira (f) dos Andes	The Andes	[ðɪ 'ændiːz]
Kilimanjaro (m)	Mount Kilimanjaro	['maʊnt ˌkɪlɪmən'dʒɑːrəʊ]

81. Rios

rio (m)	river	['rɪvə(r)]
fonte, nascente (f)	spring	[sprɪŋ]
leito (m) do rio	riverbed	['rɪvəbed]
bacia (f)	basin	['beɪsən]
desaguar no ...	to flow into ...	[tə fləʊ 'ɪntʊ]
afluente (m)	tributary	['trɪbjʊtrɪ]
margem (do rio)	bank	[bæŋk]
corrente (f)	current, stream	['kʌrənt], [striːm]
rio abaixo	downstream	['daʊnˌstriːm]
rio acima	upstream	[ˌʌp'striːm]
inundação (f)	inundation	[ˌɪnʌn'deɪʃən]
cheia (f)	flooding	['flʌdɪŋ]
transbordar (vi)	to overflow (vi)	[tə ˌəʊvə'fləʊ]
inundar (vt)	to flood (vt)	[tə flʌd]
banco (m) de areia	shallow	['ʃæləʊ]
rápidos (m pl)	rapids	['ræpɪdz]
barragem (f)	dam	[dæm]
canal (m)	canal	[kə'næl]
reservatório (m) de água	reservoir	['rezəvwɑː(r)]
eclusa (f)	sluice, lock	[sluːs], [lɒk]
corpo (m) de água	water body	['wɔːtə 'bɒdɪ]

pântano (m)	swamp	[swɒmp]
tremedal (m)	bog, marsh	[bɒg], [mɑ:ʃ]
remoinho (m)	whirlpool	['wɜ:lpu:l]

arroio, regato (m)	stream	[stri:m]
potável	drinking	['drɪŋkɪŋ]
doce (água)	fresh	[freʃ]

| gelo (m) | ice | [aɪs] |
| congelar-se (vr) | to freeze over | [tə fri:z 'əuvə(r)] |

82. Nomes de rios

| rio Sena (m) | Seine | [seɪn] |
| rio Loire (m) | Loire | [lwɑ:r] |

rio Tamisa (m)	Thames	[temz]
rio Reno (m)	Rhine	[raɪn]
rio Danúbio (m)	Danube	['dænju:b]

rio Volga (m)	Volga	['vɒlgə]
rio Don (m)	Don	[dɒn]
rio Lena (m)	Lena	['leɪnə]

rio Amarelo (m)	Yellow River	[ˌjeləu 'rɪvə(r)]
rio Yangtzé (m)	Yangtze	['jæŋtsɪ]
rio Mekong (m)	Mekong	['mi:kɒŋ]
rio Ganges (m)	Ganges	['gændʒi:z]

rio Nilo (m)	Nile	[naɪl]
rio Congo (m)	Congo	['kɒŋgəu]
rio Cubango (m)	Okavango	[ˌɔkə'væŋgəu]
rio Zambeze (m)	Zambezi	[zæm'bi:zɪ]
rio Limpopo (m)	Limpopo	[lɪm'pəupəu]

83. Floresta

| floresta (f), bosque (m) | forest, wood | ['fɒrɪst], [wʊd] |
| florestal | forest | ['fɒrɪst] |

mata (f) cerrada	thick forest	[θɪk 'fɒrɪst]
arvoredo (m)	grove	[grəuv]
clareira (f)	clearing	['klɪərɪŋ]

| matagal (m) | thicket | ['θɪkɪt] |
| mato (m) | scrubland | ['skrʌblænd] |

| vereda (f) | footpath | ['fʊtpɑ:θ] |
| ravina (f) | gully | ['gʌlɪ] |

| árvore (f) | tree | [tri:] |
| folha (f) | leaf | [li:f] |

folhagem (f)	leaves	[li:vz]
queda (f) das folhas	fall of leaves	[fɔ:l əv li:vz]
cair (vi)	to fall (vi)	[tə fɔ:l]
topo (m)	top	[tɒp]

ramo (m)	branch	[brɑ:ntʃ]
galho (m)	bough	[baʊ]
botão, rebento (m)	bud	[bʌd]
agulha (f)	needle	['ni:dəl]
pinha (f)	fir cone	[fɜ: kəʊn]

buraco (m) de árvore	tree hollow	[tri: 'hɒləʊ]
ninho (m)	nest	[nest]
toca (f)	burrow, animal hole	['bʌrəʊ], ['ænɪməl həʊl]

tronco (m)	trunk	[trʌŋk]
raiz (f)	root	[ru:t]
casca (f) de árvore	bark	[bɑ:k]
musgo (m)	moss	[mɒs]

arrancar pela raiz	to uproot (vt)	[tə ˌʌp'ru:t]
cortar (vt)	to chop down	[tə tʃɒp daʊn]
desflorestar (vt)	to deforest (vt)	[tə ˌdi:'fɒrɪst]
toco, cepo (m)	tree stump	[tri: stʌmp]

fogueira (f)	campfire	['kæmpˌfaɪə(r)]
incêndio (m) florestal	forest fire	['fɒrɪst 'faɪə(r)]
apagar (vt)	to extinguish (vt)	[tə ɪk'stɪŋwɪʃ]

guarda-florestal (m)	forest ranger	['fɒrɪst 'reɪndʒə]
proteção (f)	protection	[prə'tekʃən]
proteger (a natureza)	to protect (vt)	[tə prə'tekt]
caçador (m) furtivo	poacher	['pəʊtʃə(r)]
armadilha (f)	steel trap	[sti:l træp]

| colher (cogumelos, bagas) | to gather, to pick (vt) | [tə 'gæðə(r)], [tə pɪk] |
| perder-se (vr) | to lose one's way | [tə lu:z wʌnz weɪ] |

84. Recursos naturais

recursos (m pl) naturais	natural resources	['nætʃərəl rɪ'sɔ:sɪz]
minerais (m pl)	minerals	['mɪnərəlz]
depósitos (m pl)	deposits	[dɪ'pɒzɪts]
jazida (f)	field	[fi:ld]

extrair (vt)	to mine (vt)	[tə maɪn]
extração (f)	mining	['maɪnɪŋ]
minério (m)	ore	[ɔ:(r)]
mina (f)	mine	[maɪn]
poço (m) de mina	shaft	[ʃɑ:ft]
mineiro (m)	miner	['maɪnə(r)]

| gás (m) | gas | [gæs] |
| gasoduto (m) | gas pipeline | [gæs 'paɪplaɪn] |

petróleo (m)	oil, petroleum	[ɔɪl], [pɪ'trəʊlɪəm]
oleoduto (m)	oil pipeline	[ɔɪl 'paɪplaɪn]
poço (m) de petróleo	oil well	[ɔɪl wel]
torre (f) petrolífera	derrick	['derɪk]
petroleiro (m)	tanker	['tæŋkə(r)]

areia (f)	sand	[sænd]
calcário (m)	limestone	['laɪmstəʊn]
cascalho (m)	gravel	['grævəl]
turfa (f)	peat	[piːt]
argila (f)	clay	[kleɪ]
carvão (m)	coal	[kəʊl]

ferro (m)	iron	['aɪən]
ouro (m)	gold	[gəʊld]
prata (f)	silver	['sɪlvə(r)]
níquel (m)	nickel	['nɪkəl]
cobre (m)	copper	['kɒpə(r)]

zinco (m)	zinc	[zɪŋk]
manganês (m)	manganese	['mæŋgəniːz]
mercúrio (m)	mercury	['mɜːkjʊrɪ]
chumbo (m)	lead	[led]

mineral (m)	mineral	['mɪnərəl]
cristal (m)	crystal	['krɪstəl]
mármore (m)	marble	['mɑːbəl]
urânio (m)	uranium	[jʊ'reɪnjəm]

85. Tempo

tempo (m)	weather	['weðə(r)]
previsão (f) do tempo	weather forecast	['weðə 'fɔːkɑːst]
temperatura (f)	temperature	['temprətʃə(r)]
termómetro (m)	thermometer	[θə'mɒmɪtə(r)]
barómetro (m)	barometer	[bə'rɒmɪtə(r)]

húmido	humid	['hjuːmɪd]
humidade (f)	humidity	[hjuː'mɪdətɪ]
calor (m)	heat	[hiːt]
cálido	hot	[hɒt]
está muito calor	it's hot	[ɪts hɒt]

| está calor | it's warm | [ɪts wɔːm] |
| quente | warm | [wɔːm] |

| está frio | it's cold | [ɪts kəʊld] |
| frio | cold | [kəʊld] |

sol (m)	sun	[sʌn]
brilhar (vi)	to shine (vi)	[tə ʃaɪn]
de sol, ensolarado	sunny	['sʌnɪ]
nascer (vi)	to come up (vi)	[tə kʌm ʌp]
pôr-se (vr)	to set (vi)	[tə set]

nuvem (f)	cloud	[klaʊd]
nublado	cloudy	['klaʊdɪ]
nuvem (f) preta	rain cloud	[reɪn klaʊd]
escuro, cinzento	sombre	['sɒmbə(r)]

chuva (f)	rain	[reɪn]
está a chover	it's raining	[ˌɪt ɪz 'reɪnɪŋ]
chuvoso	rainy	['reɪnɪ]
chuviscar (vi)	to drizzle (vi)	[tə 'drɪzəl]

chuva (f) torrencial	pouring rain	['pɔːrɪŋ reɪn]
chuvada (f)	downpour	['daʊnpɔː(r)]
forte (chuva)	heavy	['hevɪ]
poça (f)	puddle	['pʌdəl]
molhar-se (vr)	to get wet	[tə get wet]

nevoeiro (m)	fog, mist	[fɒg], [mɪst]
de nevoeiro	foggy	['fɒgɪ]
neve (f)	snow	[snəʊ]
está a nevar	it's snowing	[ɪts snəʊɪŋ]

86. Tempo extremo. Catástrofes naturais

trovoada (f)	thunderstorm	['θʌndəstɔːm]
relâmpago (m)	lightning	['laɪtnɪŋ]
relampejar (vi)	to flash (vi)	[tə flæʃ]

trovão (m)	thunder	['θʌndə(r)]
trovejar (vi)	to thunder (vi)	[tə 'θʌndə(r)]
está a trovejar	it's thundering	[ɪts 'θʌndərɪŋ]

| granizo (m) | hail | [heɪl] |
| está a cair granizo | it's hailing | [ɪts heɪlɪŋ] |

| inundar (vt) | to flood (vt) | [tə flʌd] |
| inundação (f) | flood | [flʌd] |

terremoto (m)	earthquake	['ɜːθkweɪk]
abalo, tremor (m)	tremor, shock	['tremə(r)], [ʃɒk]
epicentro (m)	epicentre	['epɪsentə(r)]

| erupção (f) | eruption | [ɪ'rʌpʃən] |
| lava (f) | lava | ['lɑːvə] |

turbilhão (m)	twister	['twɪstə(r)]
tornado (m)	tornado	[tɔː'neɪdəʊ]
tufão (m)	typhoon	[taɪ'fuːn]

furacão (m)	hurricane	['hʌrɪkən]
tempestade (f)	storm	[stɔːm]
tsunami (m)	tsunami	[tsuː'nɑːmɪ]

| ciclone (m) | cyclone | ['saɪkləʊn] |
| mau tempo (m) | bad weather | [bæd 'weðə(r)] |

incêndio (m)	fire	['faɪə(r)]
catástrofe (f)	disaster	[dɪ'zɑ:stə(r)]
meteorito (m)	meteorite	['mi:tjəraɪt]

avalanche (f)	avalanche	['ævəlɑ:nʃ]
deslizamento (m) de neve	snowslide	['snəʊslaɪd]
nevasca (f)	blizzard	['blɪzəd]
tempestade (f) de neve	snowstorm	['snəʊstɔ:m]

FAUNA

87. Mamíferos. Predadores

predador (m)	predator	['predətə(r)]
tigre (m)	tiger	['taɪgə(r)]
leão (m)	lion	['laɪən]
lobo (m)	wolf	[wʊlf]
raposa (f)	fox	[fɒks]
jaguar (m)	jaguar	['dʒægjʊə(r)]
leopardo (m)	leopard	['lepəd]
chita (f)	cheetah	['tʃi:tə]
pantera (f)	black panther	[blæk 'pænθə(r)]
puma (m)	puma	['pju:mə]
leopardo-das-neves (m)	snow leopard	[snəʊ 'lepəd]
lince (m)	lynx	[lɪnks]
coiote (m)	coyote	[kɔɪ'əʊtɪ]
chacal (m)	jackal	['dʒækəl]
hiena (f)	hyena	[haɪ'i:nə]

88. Animais selvagens

animal (m)	animal	['ænɪməl]
besta (f)	beast	[bi:st]
esquilo (m)	squirrel	['skwɪrəl]
ouriço (m)	hedgehog	['hedʒhɒg]
lebre (f)	hare	[heə(r)]
coelho (m)	rabbit	['ræbɪt]
texugo (m)	badger	['bædʒə(r)]
guaxinim (m)	raccoon	[rə'ku:n]
hamster (m)	hamster	['hæmstə(r)]
marmota (f)	marmot	['mɑ:mət]
toupeira (f)	mole	[məʊl]
rato (m)	mouse	[maʊs]
ratazana (f)	rat	[ræt]
morcego (m)	bat	[bæt]
arminho (m)	ermine	['ɜ:mɪn]
zibelina (f)	sable	['seɪbəl]
marta (f)	marten	['mɑ:tɪn]
doninha (f)	weasel	['wi:zəl]
vison (m)	mink	[mɪŋk]

| castor (m) | beaver | ['biːvə(r)] |
| lontra (f) | otter | ['ɒtə(r)] |

cavalo (m)	horse	[hɔːs]
alce (m)	moose	[muːs]
veado (m)	deer	[dɪə(r)]
camelo (m)	camel	['kæməl]

bisão (m)	bison	['baɪsən]
auroque (m)	wisent	['wiːzənt]
búfalo (m)	buffalo	['bʌfələʊ]

zebra (f)	zebra	['zebrə]
antílope (m)	antelope	['æntɪləʊp]
corça (f)	roe deer	[rəʊ dɪə(r)]
gamo (m)	fallow deer	['fæləʊ dɪə(r)]
camurça (f)	chamois	['ʃæmwɑː]
javali (m)	wild boar	[ˌwaɪld 'bɔː(r)]

baleia (f)	whale	[weɪl]
foca (f)	seal	[siːl]
morsa (f)	walrus	['wɔːlrəs]
urso-marinho (m)	fur seal	['fɜːˌsiːl]
golfinho (m)	dolphin	['dɒlfɪn]

urso (m)	bear	[beə]
urso (m) branco	polar bear	['pəʊlə ˌbeə(r)]
panda (m)	panda	['pændə]

macaco (em geral)	monkey	['mʌŋkɪ]
chimpanzé (m)	chimpanzee	[ˌʧɪmpæn'ziː]
orangotango (m)	orangutan	[ɒˌræŋuː'tæn]
gorila (m)	gorilla	[gə'rɪlə]
macaco (m)	macaque	[mə'kɑːk]
gibão (m)	gibbon	['gɪbən]

elefante (m)	elephant	['elɪfənt]
rinoceronte (m)	rhinoceros	[raɪ'nɒsərəs]
girafa (f)	giraffe	[dʒɪ'rɑːf]
hipopótamo (m)	hippopotamus	[ˌhɪpə'pɒtəməs]

| canguru (m) | kangaroo | [ˌkæŋgə'ruː] |
| coala (m) | koala | [kəʊ'ɑːlə] |

mangusto (m)	mongoose	['mɒŋguːs]
chinchila (m)	chinchilla	[ˌʧɪn'ʧɪlə]
doninha-fedorenta (f)	skunk	[skʌŋk]
porco-espinho (m)	porcupine	['pɔːkjʊpaɪn]

89. Animais domésticos

gata (f)	cat	[kæt]
gato (m) macho	tomcat	['tɒmkæt]
cão (m)	dog	[dɒg]

cavalo (m)	horse	[hɔːs]
garanhão (m)	stallion	['stælɪən]
égua (f)	mare	[meə(r)]
vaca (f)	cow	[kaʊ]
touro (m)	bull	[bʊl]
boi (m)	ox	[ɒks]
ovelha (f)	sheep	[ʃiːp]
carneiro (m)	ram	[ræm]
cabra (f)	goat	[ɡəʊt]
bode (m)	he-goat	['hiː-ɡəʊt]
burro (m)	donkey	['dɒŋkɪ]
mula (f)	mule	[mjuːl]
porco (m)	pig	[pɪɡ]
leitão (m)	piglet	['pɪɡlɪt]
coelho (m)	rabbit	['ræbɪt]
galinha (f)	hen	[hen]
galo (m)	cock	[kɒk]
pata (f)	duck	[dʌk]
pato (macho)	drake	[dreɪk]
ganso (m)	goose	[ɡuːs]
peru (m)	tom turkey, gobbler	[tɒm 'tɜːkɪ], ['ɡɒblə(r)]
perua (f)	turkey	['tɜːkɪ]
animais (m pl) domésticos	domestic animals	[də'mestɪk 'ænɪməlz]
domesticado	tame	[teɪm]
domesticar (vt)	to tame (vt)	[tə teɪm]
criar (vt)	to breed (vt)	[tə briːd]
quinta (f)	farm	[fɑːm]
aves (f pl) domésticas	poultry	['pəʊltrɪ]
gado (m)	cattle	['kætəl]
rebanho (m), manada (f)	herd	[hɜːd]
estábulo (m)	stable	['steɪbəl]
pocilga (f)	pigsty	['pɪɡstaɪ]
estábulo (m)	cowshed	['kaʊʃed]
coelheira (f)	rabbit hutch	['ræbɪt ˌhʌtʃ]
galinheiro (m)	hen house	['henˌhaʊs]

90. Pássaros

pássaro (m), ave (f)	bird	[bɜːd]
pombo (m)	pigeon	['pɪdʒɪn]
pardal (m)	sparrow	['spærəʊ]
chapim-real (m)	tit	[tɪt]
pega-rabuda (f)	magpie	['mæɡpaɪ]
corvo (m)	raven	['reɪvən]

gralha (f) cinzenta	crow	[krəʊ]
gralha-de-nuca-cinzenta (f)	jackdaw	['dʒækdɔ:]
gralha-calva (f)	rook	[rʊk]

pato (m)	duck	[dʌk]
ganso (m)	goose	[gu:s]
faisão (m)	pheasant	['fezənt]

águia (f)	eagle	['i:gəl]
açor (m)	hawk	[hɔ:k]
falcão (m)	falcon	['fɔ:lkən]
abutre (m)	vulture	['vʌltʃə]
condor (m)	condor	['kɒndɔ:(r)]

cisne (m)	swan	[swɒn]
grou (m)	crane	[kreɪn]
cegonha (f)	stork	[stɔ:k]

papagaio (m)	parrot	['pærət]
beija-flor (m)	hummingbird	['hʌmɪŋ,bɜ:d]
pavão (m)	peacock	['pi:kɒk]

avestruz (m)	ostrich	['ɒstrɪtʃ]
garça (f)	heron	['herən]
flamingo (m)	flamingo	[flə'mɪŋgəʊ]
pelicano (m)	pelican	['pelɪkən]

| rouxinol (m) | nightingale | ['naɪtɪŋgeɪl] |
| andorinha (f) | swallow | ['swɒləʊ] |

tordo-zornal (m)	thrush	[θrʌʃ]
tordo-músico (m)	song thrush	[sɒŋ θrʌʃ]
melro-preto (m)	blackbird	['blæk,bɜ:d]

andorinhão (m)	swift	[swɪft]
cotovia (f)	lark	[lɑ:k]
codorna (f)	quail	[kweɪl]

pica-pau (m)	woodpecker	['wʊd,pekə(r)]
cuco (m)	cuckoo	['kʊku:]
coruja (f)	owl	[aʊl]
corujão, bufo (m)	eagle owl	['i:gəl aʊl]
tetraz-grande (m)	wood grouse	[wʊd graʊs]
tetraz-lira (m)	black grouse	[blæk graʊs]
perdiz-cinzenta (f)	partridge	['pɑ:trɪdʒ]

estorninho (m)	starling	['stɑ:lɪŋ]
canário (m)	canary	[kə'neərɪ]
galinha-do-mato (f)	hazel grouse	['heɪzəl graʊs]

| tentilhão (m) | chaffinch | ['tʃæfɪntʃ] |
| dom-fafe (m) | bullfinch | ['bʊlfɪntʃ] |

gaivota (f)	seagull	['si:gʌl]
albatroz (m)	albatross	['ælbətrɒs]
pinguim (m)	penguin	['peŋgwɪn]

91. Peixes. Animais marinhos

brema (f)	bream	[bri:m]
carpa (f)	carp	[kɑːp]
perca (f)	perch	[pɜːʧ]
siluro (m)	catfish	['kætfɪʃ]
lúcio (m)	pike	[paɪk]

salmão (m)	salmon	['sæmən]
esturjão (m)	sturgeon	['stɜːʤən]

arenque (m)	herring	['herɪŋ]
salmão (m)	Atlantic salmon	[ət'læntɪk 'sæmən]
cavala, sarda (f)	mackerel	['mækərəl]
solha (f)	flatfish	['flætfɪʃ]

lúcio perca (m)	pike perch	[paɪk pɜːʧ]
bacalhau (m)	cod	[kɒd]
atum (m)	tuna	['tjuːnə]
truta (f)	trout	[traʊt]

enguia (f)	eel	[iːl]
raia elétrica (f)	electric ray	[ɪ'lektrɪk reɪ]
moreia (f)	moray eel	['mɒreɪ iːl]
piranha (f)	piranha	[pɪ'rɑːnə]

tubarão (m)	shark	[ʃɑːk]
golfinho (m)	dolphin	['dɒlfɪn]
baleia (f)	whale	[weɪl]

caranguejo (m)	crab	[kræb]
medusa, alforreca (f)	jellyfish	['ʤelɪfɪʃ]
polvo (m)	octopus	['ɒktəpəs]

estrela-do-mar (f)	starfish	['stɑːfɪʃ]
ouriço-do-mar (m)	sea urchin	[siː 'ɜːʧɪn]
cavalo-marinho (m)	seahorse	['siːhɔːs]

ostra (f)	oyster	['ɔɪstə(r)]
camarão (m)	prawn	[prɔːn]
lavagante (m)	lobster	['lɒbstə(r)]
lagosta (f)	spiny lobster	['spaɪnɪ 'lɒbstə(r)]

92. Anfíbios. Répteis

serpente, cobra (f)	snake	[sneɪk]
venenoso	venomous	['venəməs]

víbora (f)	viper	['vaɪpə(r)]
cobra-capelo, naja (f)	cobra	['kəʊbrə]
pitão (m)	python	['paɪθən]
jiboia (f)	boa	['bəʊə]
cobra-de-água (f)	grass snake	['grɑːs ˌsneɪk]

| cascavel (f) | rattle snake | ['rætəl sneɪk] |
| anaconda (f) | anaconda | [ˌænə'kɒndə] |

lagarto (m)	lizard	['lɪzəd]
iguana (f)	iguana	[ɪ'gwɑːnə]
varano (m)	monitor lizard	['mɒnɪtə 'lɪzəd]
salamandra (f)	salamander	['sæləˌmændə(r)]
camaleão (m)	chameleon	[kə'miːlɪən]
escorpião (m)	scorpion	['skɔːpɪən]

tartaruga (f)	turtle, tortoise	['tɜːtəl], ['tɔːtəs]
rã (f)	frog	[frɒg]
sapo (m)	toad	[təʊd]
crocodilo (m)	crocodile	['krɒkədaɪl]

93. Insetos

inseto (m)	insect	['ɪnsekt]
borboleta (f)	butterfly	['bʌtəflaɪ]
formiga (f)	ant	[ænt]
mosca (f)	fly	[flaɪ]
mosquito (m)	mosquito	[mə'skiːtəʊ]
escaravelho (m)	beetle	['biːtəl]

vespa (f)	wasp	[wɒsp]
abelha (f)	bee	[biː]
mamangava (f)	bumblebee	['bʌmbəlbiː]
moscardo (m)	gadfly	['gædflaɪ]

| aranha (f) | spider | ['spaɪdə(r)] |
| teia (f) de aranha | spider's web | ['spaɪdəz web] |

libélula (f)	dragonfly	['drægənflaɪ]
gafanhoto-do-campo (m)	grasshopper	['grɑːsˌhɒpə(r)]
traça (f)	moth	[mɒθ]

barata (f)	cockroach	['kɒkrəʊtʃ]
carraça (f)	tick	[tɪk]
pulga (f)	flea	[fliː]
borrachudo (m)	midge	[mɪdʒ]

gafanhoto (m)	locust	['ləʊkəst]
caracol (m)	snail	[sneɪl]
grilo (m)	cricket	['krɪkɪt]
pirilampo (m)	firefly	['faɪəflaɪ]
joaninha (f)	ladybird	['leɪdɪbɜːd]
besouro (m)	cockchafer	['kɒkˌtʃeɪfə(r)]

sanguessuga (f)	leech	[liːtʃ]
lagarta (f)	caterpillar	['kætəpɪlə(r)]
minhoca (f)	earthworm	['ɜːθwɜːm]
larva (f)	larva	['lɑːvə]

FLORA

94. Árvores

árvore (f)	tree	[tri:]
decídua	deciduous	[dɪˈsɪdjʊəs]
conífera	coniferous	[kəˈnɪfərəs]
perene	evergreen	[ˈevəgriːn]

macieira (f)	apple tree	[ˈæpəl ˌtriː]
pereira (f)	pear tree	[ˈpeə ˌtriː]
cerejeira (f)	sweet cherry tree	[swiːt ˈʧerɪ triː]
ginjeira (f)	sour cherry tree	[ˈsaʊə ˈʧerɪ triː]
ameixeira (f)	plum tree	[ˈplʌm triː]

bétula (f)	birch	[bɜːʧ]
carvalho (m)	oak	[əʊk]
tília (f)	linden tree	[ˈlɪndən triː]
choupo-tremedor (m)	aspen	[ˈæspən]
bordo (m)	maple	[ˈmeɪpəl]
espruce-europeu (m)	spruce	[spruːs]
pinheiro (m)	pine	[paɪn]
alerce, lariço (m)	larch	[lɑːʧ]
abeto (m)	fir	[fɜː(r)]
cedro (m)	cedar	[ˈsiːdə(r)]

choupo, álamo (m)	poplar	[ˈpɒplə(r)]
tramazeira (f)	rowan	[ˈrəʊən]
salgueiro (m)	willow	[ˈwɪləʊ]
amieiro (m)	alder	[ˈɔːldə(r)]
faia (f)	beech	[biːʧ]
ulmeiro (m)	elm	[elm]
freixo (m)	ash	[æʃ]
castanheiro (m)	chestnut	[ˈʧesnʌt]

magnólia (f)	magnolia	[mægˈnəʊlɪə]
palmeira (f)	palm tree	[pɑːm triː]
cipreste (m)	cypress	[ˈsaɪprəs]

mangue (m)	mangrove	[ˈmæŋgrəʊv]
embondeiro, baobá (m)	baobab	[ˈbeɪəʊˌbæb]
eucalipto (m)	eucalyptus	[ˌjuːkəˈlɪptəs]
sequoia (f)	sequoia	[sɪˈkwɔɪə]

95. Arbustos

| arbusto (m) | bush | [bʊʃ] |
| arbusto (m), moita (f) | shrub | [ʃrʌb] |

videira (f)	grapevine	['greɪpvaɪn]
vinhedo (m)	vineyard	['vɪnjəd]
framboeseira (f)	raspberry bush	['rɑːzbərɪ bʊʃ]
groselheira-vermelha (f)	redcurrant bush	['redkʌrənt bʊʃ]
groselheira (f) espinhosa	gooseberry bush	['gʊzbərɪ ˌbʊʃ]
acácia (f)	acacia	[ə'keɪʃə]
bérberis (f)	barberry	['bɑːbərɪ]
jasmim (m)	jasmine	['dʒæzmɪn]
junípero (m)	juniper	['dʒuːnɪpə(r)]
roseira (f)	rosebush	['rəʊzbʊʃ]
roseira (f) brava	dog rose	['dɒg ˌrəʊz]

96. Frutos. Bagas

fruta (f)	fruit	[fruːt]
frutas (f pl)	fruits	[fruːts]
maçã (f)	apple	['æpəl]
pera (f)	pear	[peə(r)]
ameixa (f)	plum	[plʌm]
morango (m)	strawberry	['strɔːbərɪ]
ginja (f)	sour cherry	['saʊə 'tʃerɪ]
cereja (f)	sweet cherry	[swiːt 'tʃerɪ]
uva (f)	grape	[greɪp]
framboesa (f)	raspberry	['rɑːzbərɪ]
groselha (f) preta	blackcurrant	[ˌblæk'kʌrənt]
groselha (f) vermelha	redcurrant	['redkʌrənt]
groselha (f) espinhosa	gooseberry	['gʊzbərɪ]
oxicoco (m)	cranberry	['krænbərɪ]
laranja (f)	orange	['ɒrɪndʒ]
tangerina (f)	tangerine	[ˌtændʒə'riːn]
ananás (m)	pineapple	['paɪnˌæpəl]
banana (f)	banana	[bə'nɑːnə]
tâmara (f)	date	[deɪt]
limão (m)	lemon	['lemən]
damasco (m)	apricot	['eɪprɪkɒt]
pêssego (m)	peach	[piːtʃ]
kiwi (m)	kiwi	['kiːwiː]
toranja (f)	grapefruit	['greɪpfruːt]
baga (f)	berry	['berɪ]
bagas (f pl)	berries	['berɪːz]
arando (m) vermelho	cowberry	['kaʊberɪ]
morango-silvestre (m)	wild strawberry	['waɪld 'strɔːbərɪ]
mirtilo (m)	bilberry	['bɪlberɪ]

97. Flores. Plantas

flor (f)	flower	['flaʊə(r)]
ramo (m) de flores	bouquet	[bʊ'keɪ]
rosa (f)	rose	[rəʊz]
tulipa (f)	tulip	['tjuːlɪp]
cravo (m)	carnation	[kɑː'neɪʃən]
gladíolo (m)	gladiolus	[ˌglædɪ'əʊləs]
centáurea (f)	cornflower	['kɔːnflaʊə(r)]
campânula (f)	harebell	['heəbel]
dente-de-leão (m)	dandelion	['dændɪlaɪən]
camomila (f)	camomile	['kæməmaɪl]
aloé (m)	aloe	['æləʊ]
cato (m)	cactus	['kæktəs]
fícus (m)	rubber plant, ficus	['rʌbə plɑːnt], ['faɪkəs]
lírio (m)	lily	['lɪlɪ]
gerânio (m)	geranium	[dʒɪ'reɪnjəm]
jacinto (m)	hyacinth	['haɪəsɪnθ]
mimosa (f)	mimosa	[mɪ'məʊzə]
narciso (m)	narcissus	[nɑː'sɪsəs]
capuchinha (f)	nasturtium	[nəs'tɜːʃəm]
orquídea (f)	orchid	['ɔːkɪd]
peónia (f)	peony	['piːənɪ]
violeta (f)	violet	['vaɪələt]
amor-perfeito (m)	pansy	['pænzɪ]
não-me-esqueças (m)	forget-me-not	[fə'get mi ˌnɒt]
margarida (f)	daisy	['deɪzɪ]
papoula (f)	poppy	['pɒpɪ]
cânhamo (m)	hemp	[hemp]
hortelã (f)	mint	[mɪnt]
lírio-do-vale (m)	lily of the valley	['lɪlɪ əv ðə 'vælɪ]
campânula-branca (f)	snowdrop	['snəʊdrɒp]
urtiga (f)	nettle	['netəl]
azeda (f)	sorrel	['sɒrəl]
nenúfar (m)	water lily	['wɔːtə 'lɪlɪ]
feto (m), samambaia (f)	fern	[fɜːn]
líquen (m)	lichen	['laɪkən]
estufa (f)	conservatory	[kən'sɜːvətrɪ]
relvado (m)	lawn	[lɔːn]
canteiro (m) de flores	flowerbed	['flaʊəbed]
planta (f)	plant	[plɑːnt]
erva (f)	grass	[grɑːs]
folha (f) de erva	blade of grass	[bleɪd əv grɑːs]

folha (f)	leaf	[li:f]
pétala (f)	petal	['petəl]
talo (m)	stem	[stem]
tubérculo (m)	tuber	['tju:bə(r)]

| broto, rebento (m) | young plant | [jʌŋ plɑ:nt] |
| espinho (m) | thorn | [θɔ:n] |

florescer (vi)	to blossom (vi)	[tə 'blɒsəm]
murchar (vi)	to fade (vi)	[tə feɪd]
cheiro (m)	smell	[smel]
cortar (flores)	to cut (vt)	[tə kʌt]
colher (uma flor)	to pick (vt)	[tə pɪk]

98. Cereais, grãos

grão (m)	grain	[greɪn]
cereais (plantas)	cereal crops	['sɪərɪəl krɒps]
espiga (f)	ear	[ɪə(r)]

trigo (m)	wheat	[wi:t]
centeio (m)	rye	[raɪ]
aveia (f)	oats	[əʊts]
milho-miúdo (m)	millet	['mɪlɪt]
cevada (f)	barley	['bɑ:lɪ]

milho (m)	maize	[meɪz]
arroz (m)	rice	[raɪs]
trigo-sarraceno (m)	buckwheat	['bʌkwi:t]

ervilha (f)	pea	[pi:]
feijão (m)	kidney bean	['kɪdnɪ bi:n]
soja (f)	soya	['sɔɪə]
lentilha (f)	lentil	['lentɪl]
fava (f)	beans	[bi:nz]

PAÍSES DO MUNDO

99. Países. Parte 1

Afeganistão (m)	Afghanistan	[æfˈgænɪˌstæn]
África do Sul (f)	South Africa	[sauθ ˈæfrɪkə]
Albânia (f)	Albania	[ælˈbeɪnɪə]
Alemanha (f)	Germany	[ˈdʒɜːmənɪ]
Arábia (f) Saudita	Saudi Arabia	[ˈsaudɪ əˈreɪbɪə]
Argentina (f)	Argentina	[ˌɑːdʒənˈtiːnə]
Arménia (f)	Armenia	[ɑːˈmiːnɪə]
Austrália (f)	Australia	[ɒˈstreɪljə]
Áustria (f)	Austria	[ˈɒstrɪə]
Azerbaijão (m)	Azerbaijan	[ˌæzəbaɪˈdʒɑːn]
Bahamas (f pl)	The Bahamas	[ðə bəˈhɑːməz]
Bangladesh (m)	Bangladesh	[ˌbæŋgləˈdeʃ]
Bélgica (f)	Belgium	[ˈbeldʒəm]
Bielorrússia (f)	Belarus	[ˌbeləˈruːs]
Bolívia (f)	Bolivia	[bəˈlɪvɪə]
Bósnia e Herzegovina (f)	Bosnia and Herzegovina	[ˈbɒznɪə ənd ˌheətsəgəˈviːnə]
Brasil (m)	Brazil	[brəˈzɪl]
Bulgária (f)	Bulgaria	[bʌlˈgeərɪə]
Camboja (f)	Cambodia	[kæmˈbəudjə]
Canadá (m)	Canada	[ˈkænədə]
Cazaquistão (m)	Kazakhstan	[ˌkæzækˈstɑːn]
Chile (m)	Chile	[ˈtʃɪlɪ]
China (f)	China	[ˈtʃaɪnə]
Chipre (m)	Cyprus	[ˈsaɪprəs]
Colômbia (f)	Colombia	[kəˈlɒmbɪə]
Coreia do Norte (f)	North Korea	[nɔːθ kəˈrɪə]
Coreia do Sul (f)	South Korea	[sauθ kəˈrɪə]
Croácia (f)	Croatia	[krəuˈeɪʃə]
Cuba (f)	Cuba	[ˈkjuːbə]
Dinamarca (f)	Denmark	[ˈdenmɑːk]
Egito (m)	Egypt	[ˈiːdʒɪpt]
Emirados Árabes Unidos	United Arab Emirates	[juːˈnaɪtɪd ˈærəb ˈemərəts]
Equador (m)	Ecuador	[ˈekwədɔː(r)]
Escócia (f)	Scotland	[ˈskɒtlənd]
Eslováquia (f)	Slovakia	[sləˈvækɪə]
Eslovénia (f)	Slovenia	[sləˈviːnɪə]
Espanha (f)	Spain	[speɪn]
Estados Unidos da América	United States of America	[juːˈnaɪtɪd steɪts əv əˈmerɪkə]
Estónia (f)	Estonia	[eˈstəunjə]
Finlândia (f)	Finland	[ˈfɪnlənd]
França (f)	France	[frɑːns]

100. Países. Parte 2

Gana (f)	Ghana	['gɑːnə]
Geórgia (f)	Georgia	['dʒɔːdʒjə]
Grã-Bretanha (f)	Great Britain	[greɪt 'brɪtən]
Grécia (f)	Greece	[griːs]
Haiti (m)	Haiti	['heɪtɪ]
Hungria (f)	Hungary	['hʌŋgərɪ]
Índia (f)	India	['ɪndɪə]
Indonésia (f)	Indonesia	[ˌɪndə'niːzjə]
Inglaterra (f)	England	['ɪŋglənd]
Irão (m)	Iran	[ɪ'rɑːn]
Iraque (m)	Iraq	[ɪ'rɑːk]
Irlanda (f)	Ireland	['aɪələnd]
Islândia (f)	Iceland	['aɪslənd]
Israel (m)	Israel	['ɪzreɪəl]
Itália (f)	Italy	['ɪtəlɪ]
Jamaica (f)	Jamaica	[dʒə'meɪkə]
Japão (m)	Japan	[dʒə'pæn]
Jordânia (f)	Jordan	['dʒɔːdən]
Kuwait (m)	Kuwait	[kʊ'weɪt]
Laos (m)	Laos	[laʊs]
Letónia (f)	Latvia	['lætvɪə]
Líbano (m)	Lebanon	['lebənən]
Líbia (f)	Libya	['lɪbɪə]
Liechtenstein (m)	Liechtenstein	['lɪktənstaɪn]
Lituânia (f)	Lithuania	[ˌlɪθjʊ'eɪnjə]
Luxemburgo (m)	Luxembourg	['lʌksəmbɜːg]
Macedónia (f)	Macedonia	[ˌmæsɪ'dəʊnɪə]
Madagáscar (m)	Madagascar	[ˌmædə'gæskə(r)]
Malásia (f)	Malaysia	[mə'leɪzɪə]
Malta (f)	Malta	['mɔːltə]
Marrocos	Morocco	[mə'rɒkəʊ]
México (m)	Mexico	['meksɪkəʊ]
Myanmar (m), Birmânia (f)	Myanmar	[ˌmaɪæn'mɑː(r)]
Moldávia (f)	Moldavia	[mɒl'deɪvɪə]
Mónaco (m)	Monaco	['mɒnəkəʊ]
Mongólia (f)	Mongolia	[mɒŋ'gəʊlɪə]
Montenegro (m)	Montenegro	[ˌmɒntɪ'niːgrəʊ]
Namíbia (f)	Namibia	[nə'mɪbɪə]
Nepal (m)	Nepal	[nɪ'pɔːl]
Noruega (f)	Norway	['nɔːweɪ]
Nova Zelândia (f)	New Zealand	[njuː 'ziːlənd]

101. Países. Parte 3

Países (m pl) Baixos	Netherlands	['neðələndz]
Palestina (f)	Palestine	['pælɪˌstaɪn]

Panamá (m)	**Panama**	['pænəmɑː]
Paquistão (m)	**Pakistan**	[ˌpɑːkɪ'stɑːn]
Paraguai (m)	**Paraguay**	['pærəgwaɪ]
Peru (m)	**Peru**	[pə'ruː]
Polinésia Francesa (f)	**French Polynesia**	[frenʧ ˌpɒlɪ'niːzjə]
Polónia (f)	**Poland**	['pəʊlənd]
Portugal (m)	**Portugal**	['pɔːʧʊgəl]
Quénia (f)	**Kenya**	['kenjə]
Quirguistão (m)	**Kirghizia**	[kɜ'gɪzɪə]
República (f) Checa	**Czech Republic**	[ʧek rɪ'pʌblɪk]
República (f) Dominicana	**Dominican Republic**	[də'mɪnɪkən rɪ'pʌblɪk]
Roménia (f)	**Romania**	[ruː'meɪnɪə]
Rússia (f)	**Russia**	['rʌʃə]
Senegal (m)	**Senegal**	[ˌsenɪ'gɔːl]
Sérvia (f)	**Serbia**	['sɜːbɪə]
Síria (f)	**Syria**	['sɪrɪə]
Suécia (f)	**Sweden**	['swiːdən]
Suíça (f)	**Switzerland**	['swɪtsələnd]
Suriname (m)	**Suriname**	[ˌsʊərɪ'næm]
Tailândia (f)	**Thailand**	['taɪlænd]
Taiwan (m)	**Taiwan**	[ˌtaɪ'wɑːn]
Tajiquistão (m)	**Tajikistan**	[tɑːˌʤɪkɪ'stɑːn]
Tanzânia (f)	**Tanzania**	[ˌtænzə'nɪə]
Tasmânia (f)	**Tasmania**	[tæz'meɪnjə]
Tunísia (f)	**Tunisia**	[tjuː'nɪzɪə]
Turquemenistão (m)	**Turkmenistan**	[ˌtɜːkmenɪ'stɑːn]
Turquia (f)	**Turkey**	['tɜːkɪ]
Ucrânia (f)	**Ukraine**	[juː'kreɪn]
Uruguai (m)	**Uruguay**	['jʊərəgwaɪ]
Uzbequistão (f)	**Uzbekistan**	[ʊzˌbekɪ'stɑːn]
Vaticano (m)	**Vatican**	['vætɪkən]
Venezuela (f)	**Venezuela**	[ˌvenɪ'zweɪlə]
Vietname (m)	**Vietnam**	[ˌvjet'næm]
Zanzibar (m)	**Zanzibar**	[ˌzænzɪ'bɑː(r)]

www.ingramcontent.com/pod-product-compliance
Lightning Source LLC
Chambersburg PA
CBHW070829050426
42452CB00011B/2220